U0786548

道德经中医心悟

——老中医解读《道德经》

彭荣琛◎编著

CHMG
中国健康传媒集团
中国医药科技出版社

内容提要

中医学在其形成和发展过程中深受道家自然观的渗透和影响。本书立足于中医理论，对《道德经》原文进行提要和解析，不仅从中医的角度重新解读《道德经》，还从“道”的角度重新审视中医，揭示了道教思想从理论构建到临床实践对中医学的深远影响。本书作者中医文献及临床功底深厚，解析精当，醍醐灌顶，能够帮助读者更好地了解中国传统文化和中医理论，适合传统文化及中医爱好者、中医药院校师生、中医临床及科研工作者阅读参考。

图书在版编目（CIP）数据

《道德经》中医心悟：老中医解读《道德经》/ 彭荣琛编著. —北京：中国医药科技出版社，2021.2

ISBN 978-7-5214-2321-1

Ⅰ. ①道… Ⅱ. ①彭… Ⅲ. ①《道德经》-关系-中医学-研究 Ⅳ. ①B223.15 ②R2

中国版本图书馆 CIP 数据核字（2021）第 020816 号

美术编辑 陈君杞
版式设计 南博文化

出版 **中国健康传媒集团** | 中国医药科技出版社
地址 北京市海淀区文慧园北路甲 22 号
邮编 100082
电话 发行：010-62227427 邮购：010-62236938
网址 www. cmstp. com
规格 710×1000mm $^{1}/_{16}$
印张 9 $^{1}/_{2}$
字数 168 千字
版次 2021 年 2 月第 1 版
印次 2021 年 2 月第 1 次印刷
印刷 三河市万龙印装有限公司
经销 全国各地新华书店
书号 ISBN 978-7-5214-2321-1
定价 39.80 元

获取新书信息、投稿、为图书纠错，请扫码联系我们。

版权所有 盗版必究

举报电话：010-62228771

本社图书如存在印装质量问题请与本社联系调换

前言

在中国的历史上，道学、儒学、佛学对我们国家和百姓的影响都是很大的。前两者是较早从本土兴起的高深的学问，而佛学则在中原兴起稍晚。道学与儒学、佛学的思想有很多相似之处，有些词语内容看起来差不多，甚至可以互相借鉴，但实际内涵还是很不一样的。现代有学者误用佛学、道学的思想来解释儒学的做法，说明我们在把握学问上，在真正深刻理解上，还是任重道远。

道学讲究的是敛锋、后发，与“厚积薄发”有某些相似之处。当然道学说的不一定是厚积，也可以是薄积；不一定是薄发，也可以是厚发。但一定是适时而发。道学最讲一个“和”字，讲融合，讲阴阳协调，讲究“无为而治”，讲究顺应自然。这种“无为而治”不是什么事都不干，而是“顺势而为”，应天而为，应地而为，应人而为；不是指被动地在自然环境中生活，而是指顺着自然发展的方向，对自然进行改造，使其达到更好的天人相应；也不是说完全顺着人性，想怎么样就怎么样。人性中也有“天使”和“魔鬼”，道学的精粹就是尽量发挥人性中“天使”的作用，而阻止人性中“魔鬼”的冲动。所以道学讲究“无为而治”，其“无为”是指不要勉强而为，不要离开了天地人的实际情况而为。其要点是无为而无不为，实质不是不作为，而是“无为而为”。

当时的社会，“诸子蜂起，百家争鸣”，出现了著名的“九流十家”，其中以老子、庄子为代表的道家影响最大。因此道家的思想影响中国医学是必然的，很多内容都可以在当时成书的中医经典著作《内经》中见到。讲究天人相应是道学的主要框架基础，是影响中医学的主要支撑点，同时也是道医的主要内涵，是道医和中医的主要结合点。

道家“无为”的思想，在《素问·上古天真论》《四气调神大论》《生气通天论》等篇章中多有介绍。道学思想中的三分法，反映在《内经》中，就有阳分为太阳、少阳、阳明，阴分为太阴、少阴、厥阴，而且三者出现“开、阖、枢”的关系。中医五行学说的出现虽然与古人生活的很多方面相关，但据有关研究，也与“三”有关。其主要是从方位观察而来，也就是以方位为主要观察点而形成了五行的诸多内容。三分法在观察方位的时候，有东、西，就有中原；有南、北，也就有中原。因此在中原点上出现重合，两个中原点变成了一个点，使分之为六，合之为五，三加三就与五相一致了。方位就成了东、西、南、北、中。看起来是五行，实际上是六行。《尚书》《左传》《大戴礼》等著作，在五行金、木、水、火、土基础上加上谷，即六行。土与谷既是五行中的分点，又应该是阴阳三分法中的相互重合点。这里要注意的是，道学思想进入医学领域之后，就成了中医学不可分割的一部分，就有了中医学的含义，不仅仅是哲学、道学等思想的直接反映，而成了中医学本身的诉求。

中医学成熟的时期与《道德经》成书的年代相近，中医在成熟过程中，也很自然地接受了道学的思想，使其成为中医学中不可分割的内容。由于道学思想的发展，使修炼气功的人群增多，才会有经络感传的发现，形成了中国独有的经络学说，成为中医的主要理论和针灸治疗的依据，加上很多留传于民间的治疗方法和手段，进而总结出“道医”。中医的经典著作中多包含着“道学”的思想，“道医”中也必然多有中医学的观点，所以“道医”也应该是中医的一部分。古代还有“不为良相，便为良医”之说，说明“道”“医”二者之间相通之处颇多。因此此次新解，多参有中医学的认识，以冀互相印证，返本还原。

至于道教的出现，相对来说则应该稍晚，有人说是在汉朝五斗米教出现以后的事情。因为道教的形成需要道学得到人们认可，道医得到大家推崇的时候才有可能。但正由于道教的出现，使道学、道医得以光明正大而受到百姓的崇敬，得以顺利留传下来。所以我们认真研讨道学的根基《道德经》就显得很有必要了。

儒学讲的是进取，是“入世”。其讲改造社会、改造自然、改造别人，讲人定胜天，讲投入社会之中建功立业。孔夫子那么穷困潦倒还要周游列国，千辛万苦，差一点儿饿死。不管别人是否接受，他都要宣讲自己治世的主张。虽然最后并没有取得真正的成果，但这种进取精神很快就得到了回报。随后的汉朝就形成了“罢黜百家，独尊儒术”的强势。民间祭祀牌位都写有“天地君亲师”，所谓“师”就是指孔子，指儒家，可见将“师”上升到了十分重要的地位。但儒学并没有形成我们概念中的儒教，除了孔庙之外，并没有真正独立的庙宇。但“师”的牌位已经深入寻常百姓家，可见其影响力更大。

当然，儒家的很多重要思想也影响了中医学，在《内经》的经文中多有表现。如《素问》中的“著至教”“示从容”“疏五过”“徵四失”“至真要大论”，以及《灵枢》中的“师传”等，就明确反映了儒家君子自强不息、修身养性、治国平天下的“有为”思想。其中包含了王道与霸道、仁者与智者、忠孝与方技、格物与致知、天理与人欲、礼乐与食味等相关的内容，以及重视君臣佐使关系等。这些思想不仅在古代医学活动中起着巨大作用，即使将其置于现在的社会生活中，仍然可以使人耳目一新。

佛学，也包含了丰富的哲学内涵。其从物质不灭的角度来看待人生，强调四维空间，尤其是时间对事物的影响。所以说万事“无常”“是我非我”“动静相依”等，与现代哲学所说的命题“人不可能两次踏入同一条河流之中”“白马非马”有类似之处。所以能够看淡万物，看破红尘而与世无争。总之，佛学以“出世”为其主要内涵。其又分为小乘佛法和大乘佛法。从表现上说，小乘佛法主要讲个人修养，就是民间常说的“跳出三山外，不在五行中”。有即无，无即有，要有一颗平常心。大乘佛法除了有小乘佛法的特点之外，还讲“入世”。其所谓“入世”和儒学所说的“入世”不是一回事，实际上还是“出世”。就是在小乘法“出世”的基础上，还要再一次“入世”，这种“入世”是以劝说世人都“出世”为目的，颇有解救全人类的意思。其常说的“苦海无边，回头是岸”“普度众生”等，就是一种经常出现在口边、为常人所理解的内容。

道学、儒学、佛学的区别是明显的。就好像大家划着小船生活在海洋上，这时佛学教导大家，苦海无边，回头是岸，海上十分危险，不属于人们的正常生活，所以应该看破红尘，赶紧回到出发点；儒学教导大家，目标就在前面，大家奋力向前划吧，天行健，君子自强不息，但是需要注意自身距离，君君臣臣，父父子子，礼规乐矩，不然前进不了；道学却说，生活在海洋上多么快乐，只要观其洋流，顺势而为，就能绕过礁石，越过险滩，与天地融为一体是多么享受啊。有如苏东坡所说：“盖将自其变者而观之，而天地曾不能一瞬；自其不变者而观之，则物于我皆无尽也。而又何羡乎？且夫天地之间，物各有主。苟非吾之所有，虽一毫而莫取。惟江上之清风，与山间之明月，耳得之而为声，目遇之而成色。取之无禁，用之不竭。是造物者之无尽藏也，而吾与子之所共适。”

简言之，佛学比较重视起点，强调对起点的认可；儒学比较重视终点，强调对终点的追求；道学比较重视过程，认为过程中的每一点，既是终点又是起点，所以强调与外界相顺应。

我认为道学和儒学一样，最早都是修身、齐家、治国、平天下的学问。但二者的理念不一样，从《道德经》一书中就可以看到其中的端倪。在中国历史上，也有不少朝代曾对“道教”大力推崇，甚至成为国教而风靡一时。比如，有人认为，推崇道学思想的宋朝，可称得上全球最早付诸实践的君主立宪国。由类似于宪法的“祖宗家法”为依托；由科举选拔的宰相负责行政，君权是非常谦抑的。有人甚至感叹“崖山之后，已无中国”。其影响之大，可见一斑。

《道德经》留给我们无尽的遐想，甚至超出我们的想象，就像那——

花轿里盖头下的新娘，心里藏着那纯真的梦想，哼着一串串悠扬的歌声，就要去往出嫁的路上。

新娘披着鲜红的婚氅，用手捧起黄沙半个太阳，留给我们永不流逝的芳香，牵动着迷人的梦想。

抬轿人一路粗犷摇晃，呼喊着那美好的向往，沿途漂浮撼天动地的铿锵，伴她尽早到达她的新房。

轻轻掀起她的盖头来，让我们看看她的脸庞，愿她的美丽像涟漪一样，永远荡漾在我们的胸膛。

彭荣琛

于北京花红楼2020年5月

目录

原文

【第一章】道可道，非常道；名可名，非常名。无，名天地之始；有，名万物之母。故常无，欲以观其妙；常有，欲以观其徼。此两者同出而异名，同谓之玄。玄之又玄，众妙之门。

【第二章】天下皆知美之为美，斯恶已；天下皆知善之为善，斯不善已。故有无相生，难易相成，长短相形，高下相倾，音声相和，前后相随。是以圣人处无为之事，行不言之教。万物作焉而不辞，生而不有，为而不恃，功成而弗居。夫唯弗居，是以不去。

【第三章】不尚贤，使民不争；不贵难得之货，使民不为盗；不见可欲，使民心不乱。是以圣人之治，虚其心，实其腹，弱其志，强其骨。常使民无知无欲，使夫智者不敢为也。为无为，则无不治。

【第四章】道冲而用之，或不盈。渊兮似万物之宗。挫其锐，解其纷，和其光，同其尘。湛兮似或存，吾不知谁之子，象帝之先。

【第五章】天地不仁，以万物为刍狗；圣人不仁，以百姓为刍狗。天地之间，其犹橐籥乎？虚而不屈，动而愈出。多言数穷，不如守中。

【第六章】谷神不死，是谓玄牝。玄牝之门，是谓天地根。绵绵若存，用之不勤。

【第七章】天长地久。天地之所以能长且久者，以其不自生，故能长生。是以圣人后其身而身先，外其身而身存。非以其无私邪？故能成其私。

【第八章】上善若水。水善利万物而不争，处众人之所恶，故几于道。居善地，心善渊，与善仁，言善信，政善治，事善能，动善时。夫唯不争，故无尤。

【第九章】持而盈之，不如其已。揣而锐之，不可长保。金玉满堂，莫之能守。富贵而骄，自遗其咎。功成身退，天之道。

【第十章】载营魄抱一，能无离乎？专气致柔，能婴儿乎？涤除玄览，能无疵乎？爱民治国，能无知乎？天门开阖，能无雌乎？明白四达，能无为乎？生之畜之，生而不有，为而不恃，长而不宰，是谓玄德。

【第十一章】三十辐共一毂，当其无有，车之用。埏埴以为器，当其无有，器之用。凿户牖以为室，当其无有，室之用。故有之以为利，无之以为用。

【第十二章】五色令人目盲，五音令人耳聋，五味令人口爽。驰骋田猎令人心发狂，难得之货令人行妨。是以圣人为腹不为目，故去彼取此。

【第十三章】宠辱若惊，贵大患若身。何谓宠辱若惊？宠为上，辱为下，得之若惊，失之若惊，是谓宠辱若惊；何谓贵大患若身？吾所以有大患者，为吾有身，及吾无身，吾有何患！故贵以身为天下，若可寄天下；爱以身为天下，若可托天下。

【第十四章】视之不见名曰夷，听之不闻名曰希，搏之不得名曰微。此三者不可致诘，故混而为一。其上不皦，其下不昧。绳绳不可名，复归于无物。是谓无状之状，无物之象，是谓惚恍。迎之不见其首，随之不见其后。执古之道，以御今之有。能知古始，是谓道纪。

【第十五章】古之善为道者，微妙玄通，深不可识。夫唯不可识，故强为之容。豫兮其若冬涉川；犹兮其若畏四邻；俨兮其若客；涣兮其若凌释；敦兮其若朴；浑兮其若浊；旷兮其若谷。孰能浊以止，静之徐清？孰能安以久，动之徐生？保此道者不欲盈，夫唯不盈，是以能蔽复成。

【第十六章】致虚极，守静笃。万物并作，吾以观其复。夫物芸芸，各复归其根。归根曰静，静曰复命。复命曰常，知常曰明。不知常妄，妄作凶；知常容，容乃公。公乃王，王乃天；天乃道，道乃久，没身不殆。

【第十七章】太上，不知有之。其次，亲之；其次，誉之；其次，畏之；其次，侮之。故信不足，焉有不信。犹兮其贵言哉！功成事遂，百姓皆曰：我自然。

【第十八章】大道废，有仁义；慧智出，有大伪。六亲不和，有孝慈；国家昏乱，有贞臣。

【第十九章】绝圣弃智，民利百倍？绝仁弃义，民复孝慈？绝巧弃利，盗贼无有？此三言也，以为文未足。故令之有所属：见素抱朴，少私寡欲，绝学无忧。

【第二十章】唯之与阿，相去几何？善之与恶，相去若何？人之所畏，不可不畏。荒兮其未央哉！众人熙熙，如享太牢，如春登台。我独泊兮其未兆，沌沌兮如婴儿之未孩；傫傫兮若无所归。众人皆有余，而我独若遗，我愚人之心也哉？众人昭昭，我独昏昏；众人察察，我独闷闷。惚兮其若海，恍兮其若无所止。众人皆有以，而我顽似鄙。我独异于人，而贵食母。

【第二十一章】孔德之容，惟道是从。道之为物，惟恍惟惚。惚兮恍兮，其中有象；恍兮惚兮，其中有物。窈兮冥兮，其中有精；其精甚真，其中有信。自古及今，其名不去，以阅众甫。吾何以知众甫之然哉？以此。

【第二十二章】曲则全，枉则直，洼则盈，敝则新，少则得，多则惑。是以圣人抱一，为天下式。不自见故明，不自是故彰，不自伐故有功，不自矜故长。夫唯不争，故天下莫能与之争。古之所谓曲则全者，岂虚言哉！诚全而归之。

【第二十三章】希言自然。飘风不终期，骤雨不终日。孰为此者？天地。天地尚不能久，而况于人乎？故从事于道者，道者同于道，德者同于德，失者同于失。同于道者，道亦乐得之；同于德者，德亦乐得之；同于失者，失亦乐得之。信不足，焉有不信。

【第二十四章】企者不立，跨者不行。自视者不明，自是者不彰，自伐者无功，自矜者不长。其在道也，曰余食赘行。物或恶之，故有道者不处。

【第二十五章】有物混成，先天地生。寂兮寥兮，独立而不改，周行而不殆，可以为天地母。吾不知其名，故强字之曰道。强为之名曰大，大曰逝，逝曰远，远曰反。故道大，天大，地大，王亦大。域中有四大，而王居其一焉。王法地，地法天，天法道，道法自然。

【第二十六章】重为轻根，静为躁君。是以君子终日行，不离其辎重，虽有荣观，燕处超然。奈何万乘之主，而以身轻天下？轻则失根，躁则失君。

【第二十七章】善行无辙迹，善言无瑕谪，善数不用筹策。善闭无关，楗而不可开；善结无绳，约而不可解。是以圣人恒善救人，而无弃人；恒善救物，而无弃物，是谓袭明。故善人者，善人之师；不善人者，善人之资。不贵其师，不爱其资，虽智大迷，是谓要妙。

【第二十八章】知其雄，守其雌，为天下谿。为天下谿，恒德不离，复归于婴儿。知其白，守其黑，为天下式。为天下式，恒德不忒，复归于无极。知其荣，守其辱，为天下谷。为天下谷，恒德乃足，复归于朴。朴散为器，圣人用之，则为官长，故大制不割。

【第二十九章】将欲取天下而为之，吾见其弗得已。夫天下神器，非可为者也。为者败之，执者失之。凡物或行或随，或噤或吹，或疆或挫，或培或堕。是以圣人去甚，去奢，去泰。

【第三十章】以道佐人主，不以兵强于天下，其事好还。师之所处，荆棘生焉；大军之后，必有凶年。故善战者，果而已矣，勿以取强焉。果而勿骄，果而勿矜，果而勿伐，果而勿得已居，是谓果而不强。物壮则老，是谓不道，不道早已。

【第三十一章】夫兵者不祥之器也。物或恶之，故有道者弗处。君子居则贵左，用兵则贵右。故兵者，非君子之器也，不祥之器也，不得已而用之。铦庞为上，勿美也。若美之，是乐杀人也。夫乐杀人，不可以得志于天下矣。是以吉事上左，丧事上右；是以偏将军居左，上将军居右，言以丧礼居之也。杀人众，以哀悲莅之；战胜，以丧礼处之。

【第三十二章】道恒无名。朴虽小，而天下弗敢臣。侯王若能守之，万物将自宾。天地相合，以降甘露，民莫之令，而自均焉。

始制有名，名已既有，夫亦将知止。知止，所以不殆。譬道之在天下，犹川谷之于江海也。

【第三十三章】知人者智，自知者明。胜人者有力，自胜者强。知足者富，强行者有志。不失其所者久，死而不亡者寿。

【第三十四章】大道氾兮，其可左右，万物恃之以生而弗辞。成功遂事而弗名有，衣被万物而弗为主，可名于小。万物归焉而弗知主，则恒无名也，可名于大。是以圣人之能成大也，以其不为大也，故能成大。

【第三十五章】执大象，天下往；往而不害，安平泰。乐与饵，过客止。道之出言，淡兮其无味，视之不足见，听之不足闻，用之不足既。

【第三十六章】将欲歙之，必固张之；将欲弱之，必固强之；将欲去之，必固举之；将欲夺之，必固予之，是谓微明。柔弱胜刚强。鱼不可脱于渊；国之利器，不可以示人。

【第三十七章】道常无为而无不为，侯王若能守之，万物将自化。化而欲作，吾将镇之以无名之朴。镇之以无名之朴，夫将不欲。不欲以静，天下将自定。

【第三十八章】上德不德，是以有德；下德不失德，是以无德。上德无为而无以为；下德无为而有以为。上仁为之而无以为；上义为之而有以为。上礼为之而莫之应，则攘臂而扔之。故失道而后德，失德而后仁，失仁而后义，失义而后礼。夫礼者，忠信之薄而乱之首。前识者，道之华而愚之始也。是以大丈夫处其厚，不居其薄；处其实，不居其华。故去彼取此。

【第三十九章】昔之得一者，天得一以清，地得一以宁，神得一以灵，谷得一以盈，万物得一以生，侯王得一以为天下正。其致之也。谓天无以清将恐裂；谓地无以宁将恐发；谓神无以灵将恐歇，谓谷无以盈将恐竭；谓万物无以生将恐灭，谓侯王无以为正将恐蹶。故贵必以贱为本，高必以下为基。是以侯王自谓孤、寡、不谷，是其以贱为本也？非欤？故数致舆无舆。故不欲琭琭若玉，珞珞若石。

【第四十章】反者，道之动；弱者，道之用。天下万物生于有，有生于无。

【第四十一章】上士闻道，勤而行之；中士闻道，若存若亡；下士闻道，大笑之。弗笑，不足以为道。是以建言有之曰：明道若昧，进道若退，夷道若纇。上德若谷，广德若不足，建德若媮，质真若渝，大白若辱；大方无隅，大器晚成，大音希声，大象无形。道隐无名。夫唯道，善始且善成。

【第四十二章】道生一，一生二，二生三，三生万物。万物负阴而抱阳，冲气以为和。人之所恶，唯孤、寡、不谷，而王侯以自称也。故物，或损之而益，或益之而损。人之所教，亦议而教人。强梁者不得其死，吾将以为学父。

【第四十三章】天下之至柔，驰骋于天下之至坚。无有，入于无间，吾是以知无为之有益也。不言之教，无为之益，天下希能及之矣。

【第四十四章】名与身孰亲？身与货孰多？得与亡孰病？甚爱必大费，多藏必厚亡。故知足不辱，知止不殆，可以长久。

【第四十五章】大成若缺，其用不弊；大盈若冲，其用不穷。大直若诎，大辩若讷，大巧若拙，其用不屈。躁胜寒，静胜热。清静可以为天下正。

【第四十六章】天下有道，却走马以粪；天下无道，戎马生于郊。罪莫大于可欲，咎莫憯于欲得，故知足之足，恒足矣。

【第四十七章】不出于户，以知天下；不窥于牖，以知天道。其出弥远，其知弥鲜。是以圣人弗行而知，弗见而名，弗为而成。

【第四十八章】为学者日益，为道者日损。损之又损，以至于无为，无为则无不为。将欲取天下者，恒以无事；及其有事也，又不足以取天下矣。

【第四十九章】圣人恒无心，以百姓之心为心。善者善之；不善者亦善之，得善矣。信者信之；不信者亦信之，得信矣。圣人之在，天下歙歙焉，为天下浑浑焉。百姓皆注其耳目，圣人皆孩之。

【第五十章】出生入死。生之徒十有三；死之徒十有三；而民之生，生而动，动皆之死地，亦十有三。夫何故也？以其生生之厚也。盖闻善摄生者，陆行不遇兕虎，入军不被甲兵。兕无所投其角，虎无所措其爪，兵无所容其刃。夫何故也？以其无死地焉。

【第五十一章】道生之，而德畜之；物形之，而器成之。是以万物尊道而贵德。道之尊也，德之贵也，夫莫之爵，而恒自然也。故道生之，德畜之。长之、育之、亭之、毒之、养之、覆之。生而弗有，为而弗恃，长而弗宰，是谓玄德。

【第五十二章】天下有始，可以为天下母。既得其母，以知其子；既知其子，复守其母，没身不殆。塞其兑，闭其门，终身不勤；开其兑，济其事，终身不救。见小曰明，守柔曰强。用其光，复归其明，无遗身殃，是谓袭常。

【第五十三章】使我介然有知，行于大道，唯施是畏。大道甚夷，而民好径。朝甚除，田甚芜，仓甚虚。服文彩，带利剑，厌饮食，财货有余，是为盗竽。盗竽，非道也哉！

【第五十四章】善建者不拔，善抱者不脱，子孙以祭祀不绝。修之身，其德乃真；修之家，其德乃余；修之乡，其德乃长；修之邦，其德乃丰；修之天下，其德乃溥。故以身观身，以家观家，以乡观乡，以邦观邦，以天下观天下。吾奚以知天下之然哉？以此。

【第五十五章】含德之厚者，比于赤子。蜂虿虺蛇弗螫，攫鸟猛兽弗搏。骨弱筋柔而握固。未知牝牡之合而朘怒，精之至也。终日号而不嗄，和之至也。精和曰常；知常曰明。益生曰祥；心使气曰强。物壮则老，谓之不道，不道早已。

【第五十六章】知者弗言，言者弗知。塞其兑，闭其门；挫其锐，解其纷；和其光，同其尘，是谓玄同。故不可得而亲，亦不可得而疏；不可得而利，亦不可得而害；不可得而贵，亦不可得而贱，故为天下贵。

【第五十七章】以正治国，以奇用兵，以无事取天下。吾何以知其然哉？以此。夫天下多忌讳，而民弥贫；民多利器，而邦家滋昏；民多知慧，而邪事滋起；法令滋彰，而盗贼多有。是以圣人之言曰："我无为而民自化，我好静而民自正，我无事而民自富，我无欲而民自朴。"

【第五十八章】其政闷闷，其民淳淳；其政察察，其民缺缺。祸兮福之所倚，福兮祸之所伏。孰知其极？其无正邪？正复为奇，善复为袄，人之迷也，其日固已久矣。是以圣人方而不割，廉而不刿，直而不肆，光而不耀。

【第五十九章】治人事天莫若啬。夫唯啬，是以早服。早服是谓重积德。重积德则无不克，无不克则莫知其极。莫知其极，可以有国。有国之母，可以长久。深其根，固其柢，长生久视之道也。

【第六十章】治大国若烹小鲜。以道莅天下，其鬼不神。非其鬼不神，其神不伤人。非其神不伤人，圣人亦不伤人。夫两不相伤，故德交归焉。

【第六十一章】大邦者下流也。天下之牝，天下之交也。牝恒以静胜牡，为其静也，故宜为下。大邦以下小邦，则取小邦；小邦以下大邦，则取于大邦。故或下以取，或下而取。故大邦者，不过欲兼畜人；小邦者，不过欲入事人，夫皆得其欲。则大者宜为下。

【第六十二章】道者，万物之注也。善人之葆也，不善人之所葆也。美言可以市尊，美行可以加人。人之不善，何弃之有！故立天子，置三公，虽有拱璧，以先驷马，不如坐进此道。古之所以贵此道者，何也？不曰求以得，有罪以免邪？故为天下贵。

【第六十三章】为无为，事无事，味无味。大小多少，报怨以德。图难乎，其易也；为大乎，其细也。天下之难，作于易；天下之大，作于细。是以圣人终不为大，故能成其大。夫轻诺，必寡信；多易，必多难。是以圣人犹难之，故终无难矣。

【第六十四章】其安易持？其未兆易谋？其脆易判？其微易散？为之于未有，治之于未乱。合抱之木，生于毫末；九层之台，起于累土；千里之行，始于足下。为者败之，执者失之。是以圣人无为故无败；无执故无失。民之从事，恒于几成而败之。故曰："慎终如始，则无败事。"是以圣人欲不欲，不贵难得之货；学不学，复众人之所过。以辅万物之自然，而弗敢为也。

【第六十五章】古之善为道者，非以明民，将以愚之。民之难治，以其知之。故以知治国，国之贼；不以知治国，国之德。知此两者，亦稽式也，恒知稽式，是谓玄德。玄德深矣、远矣，与物反矣，乃至大顺。

【第六十六章】江海所以能为百谷王者，以其善下之也，故能为百谷王。是以圣人之欲上民也，必以其言下之；欲先民也，必以其身后之。故居上而民弗重也，居前而民弗害也，天下皆乐推而弗厌也。非以其无争与，故天下莫能与争。

【第六十七章】天下皆谓我大，大而不肖。夫唯不肖，故能大；若肖，久矣其细也夫。我恒有三宝，持而保之：一曰慈，二曰俭，三曰不敢为天下先。夫慈，故能勇；俭，故能广；不敢为天下先，故能为成器长。今舍其慈，且勇；舍其俭，且广；舍其后，且先，则必死矣！夫慈，以战则胜，以守则固。天将救之，如以慈恒之。

【第六十八章】善为士者不武；善战者不怒；善胜敌者弗与；善用人者为之下。是谓不争之德；是谓用人之力，是谓配天。古之极也。

【第六十九章】用兵有言曰：吾不敢为主而为客，吾不敢进寸而退尺。是谓行无行，攘无臂，执无兵，扔无敌。祸莫大于轻敌，轻敌几丧吾宝。故抗兵相若，则哀者胜矣。

【第七十章】吾言甚易知也，甚易行也。而天下莫之能知也，莫知能行也。言有宗，事有君。夫唯无知也，是以不我知。知我者希，则我贵矣。是以圣人被褐怀玉。

【第七十一章】知不知，尚矣；不知知，病矣。夫唯病病，是以不病。圣人不病，以其病病，是以不病。

【第七十二章】民不畏威，则大威至矣。无狎其所居，无厌其所生。夫唯弗厌，是以不厌。是以圣人自知而不自见；自爱而不自贵。故去彼取此。

【第七十三章】勇于敢则杀，勇于不敢则活。此两者，或利或害。天之所恶，孰知其故？天之道，不争而善胜，不言而善应，不召而自来，坦然而善谋。天网恢恢，疏而不失。

【第七十四章】民不畏死，奈何以死惧之！若民恒畏死，而为奇者，吾得执而杀之，孰敢？恒有司杀者杀，夫代司杀者杀，是谓代大匠斫。夫代大匠斫者，则希不伤其手矣。

【第七十五章】民之饥，以其上食税之多，是以饥。民之难治，以其上之有为，是以难治。民之轻死，以其上求生，生之厚，是以轻死。夫唯无以生为者，是贤于贵生。

【第七十六章】人之生也柔弱，其死也坚强。草木之生也柔脆，其死也枯槁。故坚强者死之徒，柔弱者生之徒。是以兵强则灭，木强则折。故坚强处下，柔弱处上。

【第七十七章】天之道，其犹张弓欤！高者抑之，下者举之，有余者损之，不足者补之。天之道，损有余而补不足。人之道则不然，损不足以奉有余。孰能损有余以奉天下？唯有道者。是以圣人为而不恃，功成而不处，其不欲见贤。

【第七十八章】天下莫柔弱于水，而攻坚强者莫之能先，以其无以易之也。柔之胜刚也，弱之胜强也，天下莫不知，而莫之能行。故圣人之言云：受国之垢，是谓社稷主；受国不祥，是为天下王。正言若反。

【第七十九章】和大怨，必有余怨，焉可以为善？是以圣人执左契，而不以责于人。故有德司契，无德司彻。夫天道无亲，恒，与善人。

【第八十章】小国寡民。使有什伯之器而不用，使民重死而不远徙。虽有舟舆，无所乘之；虽有甲兵，无所陈之。使民复结绳而用之，甘其食，美其服，安其居，乐其俗。邻国相望，鸡犬之声相闻，民至老死不相往来。

【第八十一章】信言不美，美言不信；善者不辩，辩者不善；知者不博，博者不知。圣人无积，既以为人，己愈有；既以与人，己愈多。故天之道，利而不害。人之道，为而弗争。

原文新解

第一章

道可道，非常道；名可名，非常名。无，名天地之始；有，名万物之母。故常无，欲以观其妙；常有，欲以观其徼（jiào）。此两者同出而异名，同谓之玄。玄之又玄，众妙之门。

【提要】本章是“道”的定义，即解释什么是《道德经》中的“道”。

【新解】所谓“道”是指自然规律，也就是客观存在的一切事物都按照自己的方式发展，不受其他任何影响而发生改变。我理解的与天奋斗，与地奋斗，与人奋斗，就是与天共同去奋斗，遵循天气变化的自然规律，在自然规律的约束下尽快发展；与人共同去奋斗，处理好人事关系，团结大家一起去奋斗；与地共同去奋斗，顺应地势、充分发掘地力，而不是破坏地力。谁要是强行改变，必然遭受自然界的报复。并且，之后自然界还是会照原有规律发展。所以说一切发展都要按照自然规律进行，这就是尊“道”。

“道可道，非常道”，第一个“道”字，是指道学；第二、三个“道”字，是指道路，可以理解为行走的通道，即践行。全句的意思是，道学是可以实施、践行的修身、齐家、治国平天下的一条正确之路，所以它不是指一般的道路。

“名可名，非常名”，第一个“名”字，是指道学以及其中的很多内涵，或说是对“道”的总称呼；第二、三个“名”字，是指名称。全句的意思是道学中的很多内容是看得见、摸得着的，是可以扬名立万的，由于其有丰富的内涵，所以不要仅仅将它作为一般的名称理解。

本章开书明义，首先提出“道”和“名”的概念，然后指出“无”和“有”的概念，以及二者之间的关系。

1.“道”“名”概念及其相互关系。

（1）“道”属于哲学概念，是对世界万事万物的发展变化规律抽象后的认识和总结，所以它是一条事物发展的必经之路；而“名”是对世界已经出现了的事物的命名，是万事万物的具体化，可以给人以明确认识。

（2）“道”缘于抽象，所以与“无”密切相关；“名”由于能具体化，所以与“有”密切相关。“道”与“名”的关系，就是“无”与“有”之间的关系。

（3）“道”的“无”不是什么都没有，而是可以预示变化的先兆，有如母腹中的胎儿，只要顺其生育之路，就能看到以后的必然路径。“名”是事物出现以后给予的名称，能让人看得见，摸得着。就好像已经出生的婴儿，必须予以命名，便于区分。

2.“无”“有”概念及其相互关系。

（1）世界从“无”到“有”，也就是说“有”从“无”而来，“有”中有“无”，“无”中有“有”。所以说它们是“同出而异名”。这也说明《道德经》中的“无为”包含了“有为”，所以是“无为而为”不是“无为”而“不为”。

（2）“无”是指混沌世界，“有”是指万物生存的世界。二者之间的变化很微妙。由于它们是自然发展而来，因而顺应自然就要从“无”开始，向“有”发展。顺应自然符合世界万物的发展规律，所以遵守这种规律就是必须和必然的。

（3）“无”在动态中向“有”发展，而“有”发展到最后会回到“无”，以此来回往返，缓慢而持续。因此说：反者，道之动；弱者，道之用。天下万物生于有，有生于无。

道家认为，顺其自然是最高境界。换句话说，就是顺潮流而动，按照自然规律办事，在“和谐”中求发展。

中医强调“天人相应”，就是顺势而为。人在自然界中生长，无数年后，已经与自然界珠联璧合。自然界对人身的一切影响（包括能感觉和感觉不到的）都被人成功地感知，能自觉接受使用，甚至还能避害为利。这种感知很多情况下不是人有意感知，而是自觉感知，故人们看来无知却又有知，能自觉或不自觉做出反应。人的这种自觉能力，就是尊道。从中医来说，这种能力，称之为“人神”。

一切遵循自然的生活方式，就是最好的生活方式。中医所说的养生，就是主动去顺应自然。养生不仅仅是补充营养物质，更主要是养“人神”。其目的就是更好地达到天人相应。养生最重要的两点：①顺其外界，包括顺其天时、顺其地利、顺其人和。②不要过分，无论过多、过少都不好，什么事都讲究一个恰到好处。

道家讲“中庸”，就是这个意思；中医所说“过则为淫”也是这个意思。凡事讲一个“度”，每个人的“度”并不完全相同，什么事要根据自己的能力和感受去做，否则看起来再好的事情也是不利的。成为一位好中医不是取决于能背多少首汤头歌诀，能背多少部经典著作，而是能否把握住这个“度”。所以中医很强调“悟性”，就是理解能力、实施能力、举一反三的能力。有位老师曾说“心、肝、脾、肺、肾”有时不如“心、肝、脾、肺、贤”，意思是有的医生文化不高，有时把“肾”字写成“贤”字，但在治病上却有一手。所以孙思邈告诫说：“读方三年，便谓天下无病可治，及治病三年，乃知天下无方可用。”

道家认为世界是“一生二,二生三,三生万物”，所谓“一”就是指混沌世界，既没有生命，也无法命名。所谓混沌，不是混乱，而是物质呈现各不相关的状态。但由于日月星辰的运动造成物质互相碰撞，发生变化，产生了新的物质，出现新的形态，所以由一而生出二。所谓“二”就是阴阳，由此世界上出现了有机物（原始生命），就是既有“阳”的动态物质，又有“阴”的静态物质，而且二者相合又相干。阴阳在对立统一的不断运动中，就会产生介于阴阳之间的物质，称之为“三”，即“和”，又称“冲气”。虽然“和”既具有阴阳的特性，但“和气”之中，各局部的阴阳多少及其组合则纷乱繁杂，所以又出现了多样性，从而产生万物。《易经》称之为“太极生两仪，两仪生四象，四象生八卦”。太极就是“一”，即混沌世界；两仪就是阴阳，即原始生命；四象、八卦及其以后的变化，就是“三”，也就是从原始生命到复杂、多样的生命，甚至是高级生命。

世界就是这样从无到有地发展着。在混沌世界时，没有生命迹象，无所命名，所以这里说“无，名天地之始”；直到有生命后才有命名的必要，所以这里说“有，名万物之母”。在“无”的时候，也正是事物开始要变化之时，正可以观察其中变化的奥妙，所以说“常无，欲以观其妙”；出现“有”

的时候，说明事物的变化开始有生命形态，故说“常有，欲以观其徼”。“无”和“有”是一脉相承的，所以说“此两者同出而异名”。

第二章

天下皆知美之为美，斯恶（è）已；天下皆知善之为善，斯不善已。故有无相生，难易相成，长短相形，高下相倾，音声相和（hè），前后相随。是以圣人处无为之事，行不言之教。万物作焉而不辞，生而不有，为而不恃，功成而弗居。夫（fú）唯弗居，是以不去。

【提要】本章解释了“道”的要点是顺应自然，在顺应自然的过程中发生、发展和变化，从而影响了万事万物。

【新解】凡事都有两个方面，有美就有丑，有善就有恶。什么事情都是通过比较而言的，所以没有绝对的美丑、善恶。还有“难易”“有无”“长短”“高下”“音声”“前后”等也是这样。因为事物都是在不断变化中，这些对立的事物是可以不断地互相转化的。只要顺应自然，只要引导得法，就能使其转化为新的面貌，就能从无转为有、难转为易、长转为短、高转为下、丑转为美，甚至能将有害转化为有利。所以本章认为，事情成功不是因为个人有什么特殊能耐，只是顺应了发展趋势而已。成功后若忘其所以，归功于己，计较得失，则往往适得其反，正如本章所说“生而不有，为而不恃，功成而弗居。”

“是以圣人处无为之事，行不言之教。”关于圣人，中医经典《素问·上古天真论篇》认为，“道者”，即得道之人，可分为四类，即真人、至人、圣人、贤人。其中“圣人者，处天地之和，从八风之理，适嗜欲于世俗之间，无恚嗔之心，行不欲离于世，被服章，举不欲观于俗，外不劳形于事，内无思想之患，以恬愉为务，以自得为功，形体不敝，精神不散，亦可以百数。”《资治通鉴》说：“德才兼备为圣人。”可见“圣人”不一定是指最高统治者，而主要是指得道之人。“无为”是指顺势而为，不是指“不为”，而是无为而无不为，也即“无为而为”。“不言”不是指不要说话，而是以身作则和顺势引导。本句说，圣人应该遵从道学，以“无为”为其行事、为人的根本，对待百姓不要去强制他们，而要在“无为”之中感化他们。

中医治疗很注重顺势而为，张子和提倡汗、吐、下，看起来风险很大，难以把握，但依据道家的这个意思就容易理解了。比如汗法是指邪气在表，机体向外抗邪之时，往往可以一汗而愈，属于顺势而为，即“无为而为”。遵此，除了表证之外，还可在痈肿病等其他疾病中使用汗法。若是邪气已入里而使用汗法，则是“有为而为”之作，则反而有如开门揖盗，南辕北辙。吐下等其他方法也应该这样尊“道”，否则治疗就很难切题。

第三章

不尚贤，使民不争；不贵难得之货，使民不为盗；不见（xiàn）可欲，使民心不乱。是以圣人之治，虚其心，实其腹，弱其志，强其骨。常使民无知无欲，使夫（fú）智者不敢为也。为无为，则无不治。

【提要】本章进一步说明“道”顺应自然的要点是“无为”。

【新解】这一段的文字，不要误以为是说，不要让老百姓明白事情的真相，让老百姓没有思想，没有追求，统治者实行愚民政策反而是好的。这不符合道家的原本思想。因为这样做不是“无为”，而是“有为”。道家讲究“无为”，所谓“无为”不是不要作为，绝不是“八点上班九点到，喝喝开水看看报，聊聊大天时间到，赶快回家弄小灶”的那种状态，而是不要违反事物的发展规律强行作为。“有为”也不能像武则天看牡丹的那种呵斥，“明朝游上苑，火速报春知，花须连夜放，莫待晓风吹”那样有意为之。“无为”是一定要顺其自然，经久和谐，顺从诱导。所以第二章说“圣人处无为之事，行不言之教，万物作焉而不辞”。若自己认为不合意就强加作为，往往欲速而不达，甚至适得其反。

这里所说“不尚贤”“不贵难得之货”等，不是不尊重贤人，不要知道货物的贵贱，也不是让人懵懵懂懂。而是不要以自己的意志，故意去推崇或炒作某样东西或事物，扰乱人们的心境；不要把人们的精力、眼光都集中在某一样事物上，产生幻觉，以为这种事物就是好的、值得追求的。这样做容易诱发虚荣心，促使巧取豪夺，钩心斗角，甚至施用强制手段，以致乱象丛生。

“虚其心，实其腹，弱其志，强其骨”，是修炼气功的一些要诀，也是借用修炼气功的方法，解释道学思想。这里不是说要将百姓弄得没有思想、没有意志、头脑简单、四肢发达。而是说不要用“尚贤”“贵货”去引导百姓，要让百姓有自己的思想，才不会产生邪念；不要让百姓食不果腹，要让百姓能吃饱饭，身体强健才能路不拾遗，夜不闭户，和谐共存。

有才德之人、贵重之物是客观存在的，不是因为你的推崇而显得有才德和贵重。人各有志，才德、贵重没有统一标准。宣扬所谓才德、贵重之物，很容易搞成统一标准，这只能反映统治者的看法，是统治者意志的表现，不一定能反映实际情况。甚至有可能出现劣币淘汰良币，社会风气江河日下的状况。这里说不尚贤、不贵货，是不让某些人（所谓“智者”）故意为之，“使夫智者不敢为也”就是这个意思。所以强调“为无为，则无不治”。实际上，百姓心中有杆秤，能让民众各有追求，各安其分，各守其责才是顺其自然，社会发展才符合“道”。《素问·上古天真论》也说：“是以志闲而少欲，心安而不惧，形劳而不倦，气从以顺，各从其欲，皆得所愿。故美其食，任其服，乐其俗，高下不相慕，其民故曰朴。是以嗜欲不能劳其目，淫邪不能惑其心，愚智贤不肖不惧于物，故合于道。”《灵枢·师传》更强调了“顺”的心理因素：“治彼与治此，治小与治大，治国与治家，未有逆而能治之也，夫惟顺而已矣。顺者，非独阴阳脉论气之逆顺也，百姓人民皆欲顺其志也。”

医学上也是这样，很多检验标准，看起来很直观，实际上并不能完全反映身体的真实情况。有些标准虽然经过一定数量人群的检测，但对全世界60多亿人口，不同肤色、不同地域、不同习惯来说，还只是九牛一毛，并不是真正的大数据。所以，现有的检验标准，只能作为参考，而不能作为依据，更不能以此一锤定音。所以也要“不尚贤”“不贵货”。程序化的医疗方式、工厂式的诊疗方法，会把复杂的人体简单化，以共性看待机体，以为治疗就是修理仪器。若过于推崇，则是“有为”之举，反而暴露其短见之处。中医是几千年来上亿例临床治疗的结晶，经历代医家从大量病例中提炼而成，基本上可以说是大数据的结果。其治疗强调个性，就会有辨证论治、同病异治、异病同治等，以及千变万化的处方。对医生来说虽有很大的难度，但对治疗来说是顺机体之自然、顺疾病发展之自然，是“无为”之举，故其准确性更高，疗效更好。数千年来虽然并没有统治者推崇，既无人“尚贤”，又无人“贵货”，但中医历经坎坷却历久不衰，正说明其符合“道”的精神。

第四章

道冲而用之，或不盈。渊兮似万物之宗。挫其锐，解其纷，和其光，同其尘。湛（zhàn）兮似或存，吾不知谁之子，象帝之先。

【提要】本章说到“道”中阴阳与“冲气”之间的关系。说明“冲气”在阴阳变化中的重要性。

【新解】“道”中阴阳发展到“冲气”的时候，就会出现万千变化，不可探测，产生出无穷无尽的事物，成为万物出现和发展的根源。所以，要使其和谐，使其像躁动于母腹之中的胎儿一样成长，重点在于阴阳协调、斗而不破。阳气太旺、太弱，或阴气太旺、太弱，都会产生问题和困扰。无论阴或阳哪方出现过高或过低的时候，就应该降低其高点或升高其低点；既要有一分为二，又要有合二为一，才能在纷乱反复的交流中保持协调；使阴阳既充盈又具有神采，既平凡又有内涵。这样，才能使阴阳“和谐”共存，事物得到顺利发展。阴阳看不见、摸不着，但它确实存在，是万事万物发展的根本。所以道学指出阴阳虽然有斗争性，但更强调阴阳的协调性。在协调中碰撞，才会不断地变化，出现新的事物。

“常”与“病”看起来好像也是互相对立的，但没有绝对的“常”，也没有绝对的“病”，所以既没有金刚不坏身，也没有不治之病。现代提出“亚健康”一说，就反映了“常”“病”二者之间的“和气”，或曰“冲气”。“和气”说明：一是疾病和健康是可以互相转化的；二是疾病和机体既有对抗也可以互相包容。叶天士等很多知名医家，都很强调“带病长寿”，所以治疗不是每种疾病都一定要痊愈，只要能“相安无事”就好。说明“和气”可以长期存在，医生只要注意其中的变化而随时予以处置，保持“和气”状态持续下去，也是很不错的治法。所以面对疾病“既来之，则安之”很重要。

《素问·阴阳离合论》说：“阴阳者，数之可十，推之可百，数之可千，推之可万，万之大不可胜数，然其要一也。天覆地载，万物方生……阳予之正，阴为之主。”说明阴阳不仅仅是一种分类法，阴阳本身也孕育着万物，是万物新生的根源。阴阳在“和谐”中互相斗争，就会产生出无数新的阴阳、新的事物。旧的物种不断消失，新的物种又会不断出现。说到底都是阴阳的变化而已，所以所谓的先和后就像鸡与蛋一样，并没有先后之分。《素问·阴阳应象大论》说："是故天地之动静，神明为之纲纪，故能以生长收藏，终而复始。"

"挫其锐，解其纷，和其光，同其尘"是一种气功的调理方法，意思就是练功时要排除杂念及外界的干扰，不露锋芒，超脱纠纷，以静养生。这可以说是健身气功排除杂念、引导入静最古老的诀窍。具体地讲，就是练功时要意守丹田，加强腹式呼吸的锻炼，可以更好地达到强身健体的目的。此句还请参看本书第五十六章的解释。

中医认为一切事物都必须处于阴平阳秘的状态，无论何种疾病，都是阴阳不协调引起的，出现阴阳离决就是死亡状态。所以无论治疗手段和药物如何千变万化，都是在调整阴阳关系。只要是在阴阳还能协调的时候（即使是勉强协调），就应该坚持治疗。所以治愈是一种治疗结果，带病长寿或阴阳之间在可控状态下也是一种治疗结果。因此，我们不能认为所有的疾病完全恢复到正常状态下才算是有效治疗。

第五章

天地不仁，以万物为刍（chú）狗；圣人不仁，以百姓为刍狗。天地之间，其犹橐龠（tuó yuè）乎？虚而不屈，动而愈出。多言数（shuò）穷，不如守中。

【提要】本章说明什么是"道"中之"仁"。看似"不仁"，实为大仁。

【新解】所谓"仁"，即"二人"，就是同等待遇，也即一视同仁。而一视同仁并不一定是真正的"仁"，如绝对平均主义并不是真正的"仁"。"二人"，如阴阳、男女一样，也是各有长短。只要各安其位，各得其乐，就能相互协调。如非得统一口径、统一表现，反而不是真正的"仁"。

1.区别对待是真正的"仁"。这里说的"不仁"，是指天地和圣人都不要有意施"仁"。顺应历史的发展，不去限制别人，根据每个人的情况去享受自己独有的生活，才能体会到真正的"仁"。看起来是在强求别人，没有一视同仁，是"不仁"，实际上却是真正地施"仁"。这与孔子所说"有教无类""因材施教"的思想相接近。

正如中医针灸治疗疾病一样，"月生无泻，月满无补，月郭空无治"。即在月初时不用泻法，月圆时不用补法，看不见月亮的时候暂时停用针灸疗法。根据不同的患者，不同的病程，不同的时间等处方，看来没有一视同仁，却是真正地施“仁”。

2.无差别对待反而是“不仁”。孙中山先生说，天下大势，浩浩荡荡，顺之者昌，逆之者亡。铁的规律，看来也是一视同仁，谁也不能违反，无仁可言，所以是“天地不仁”。由于百姓的情况千变万化，圣人普遍施某一种“仁”，就会因趋利避害而出现附言趋势，人群就会产生派别，就会出现争论或斗争，看起来是一视同仁，但违背了道学思想，结果只能是“圣人不仁”。现实生活中真正的“不仁”，是以个人意志或小集团利益而对那些不协调者进行残酷斗争，无情打击。看起来是一视同仁，实际上是真正的“不仁”。

所以这里说“多言数穷，不如守中”，其中“数穷”，就是施尽了所有办法；“守中”，就是“守中庸”。也就是说与其想方设法去说教、胁迫别人，其结果必然是黔驴技穷，还不如遵守中庸之道。只有不偏盛，不走极端，让百姓有自己的思想，自己的生活方式，自己的自然结果，才是尊道。所以又说，就当百姓如“刍狗”般，自生自灭而不予干预。让百姓有这种自由自在的生活方式，不要求他们一定要做什么，从另一个角度上说也是一视同仁。看似“不仁”，实为大仁。就好像鼓风机一样，看似内堂空虚，什么也没有，但因此却能很通畅，只要在外稍加使力，就会出现风流。所以这里说的“不仁”，是指重视顺应，以达到顺畅。

孔子说的“仁”，主要包括以下三方面：一是“爱人”，即主动爱别人，也有一视同仁的意思；二是人格完美，即通过成己以成物，或曰克己以克物，就是通过自身的完美，去处世和改造世界；三是重视秩序，即“礼”，比如遵从孝悌，君君臣臣、父父子子等。孔子重视“克己复礼”就是“仁”的一种主要表现，可见儒家主要是讲“有为”。而道家所讲的“仁”主要指“守中”，可见道家主要是讲“无为”，因此认为这种“仁”属于“上仁”。

中医治疗疾病强调个性，参考共性，很符合“道”的精神。其认为不同的患者，即使患同一种疾病，也会因为患病时间的长短、身体体质的强弱、疾病的轻重不同等采用不同的治疗方法，而不是固定用一个处方，这样疗效就会大大提高。这种看来非一视同仁的治法，才是最大的“仁”。

第六章

谷神不死，是谓玄牝（pìn）。玄牝之门，是谓天地根。绵绵若存，用之不勤。

【提要】本章用谷神来说明“道”的变化是无穷无尽的。

【新解】“玄牝”，牝指雌性动物，这里指可见的外生殖器，因为能从那里产出新的生命，古人觉得不可思议，所以称之为“玄”。

两山之间为谷，谷中多有溪流，而溪流多变化，如《贤文》所说的一涨一落山溪水，有如神灵所赐，人们很难预测其涨落变化规律，所以认为“谷”中若有“神”所助，故称之为“谷神”。其中“谷”为有形之物，水流之变化又好像受控于无形之手。就好像雌性动物一样，其生殖器为可见之物，其不可见之内部却在不断变化，不断产出后代。是可见者为有形，而变化受益于无形，无形进而又产生出有形。这种现象既变化莫测，又绵绵不断，就好像有神灵主宰一样。所以认为“谷神”和“玄牝之门”一样，用之不竭，又变化莫测。

这里用“玄牝之门”来定义“谷神”，以说明“道”的变化是无穷无尽的。实际上这些变化，都是阴阳在“冲气”之中不断变化的结果。阴阳能够在和谐中产生变化，既是万物存在的原因，又是天地万物能延绵不断的根。

如中医之白虎汤方，其中生石膏是主药，分量很重，治疗效果很好。但有人说生石膏在煎药前后的重量没有发生变化，煎药前是50克，煎药后还是50克，说明汤药中也就没有生石膏的成分，那么用不用生石膏都是一样的。实际上在煎药的过程中，生石膏能够碱化药汁，使药汁变化为碱性，并成为其他药物互相变化的催生剂。药汁进入身体后，还有碱化血液的过程，能改变血液环境，对邪气（如外来微生物）有一定的抑制或杀灭作用。因此白虎汤重用生石膏，具有显著的疗效，有如“谷神”一样。假如仅仅重视看得见的变化，而忽视看不见的变化，是不可取的。

这段文字想表达的主要意思是强调智者必须“无为”以顺从自然，才能真正“得神”，也就是这里说的“谷神不死”。

第七章

天长地久。天地之所以能长且久者，以其不自生，故能长生。是以圣人后其身而身先，外其身而身存。非以其无私邪（yé）？故能成其私。

【提要】本章用“有私”和“无私”之间的辩证关系来说明“道”中存在的辩证关系，进而说明“无”与“有”之间的关系。

【新解】天长地久这是客观存在的事实。天地虽然能长久存在，也在不断地变化，但都是顺其自然而已。所谓“人间正道是沧桑”，有如滴水石穿一样，也是一种自然发展的结果，所以这些变化并不是有意而为，不会莫名其妙地出现，故可称之为“不自生”。假若人为地破坏，大自然必然会予以报复，这种报复就是天地对自然的一种修正，天地一定会对抗所有的逆势而行，使其“不自生”。只有不违反自然规律的变化，才能得以“长生”。所以这里说“天地所以能长且久者，以其不自生，故能长生。”

圣人治理国家，首先需要“无私”。所谓“无私”，这里说的内容包括两个方面：一是“后其身而身先”，即放弃“小我”才能得到“大我”，为了百姓的利益可以舍弃自己利益的人，才能得到老百姓的认可，才能成就“大我”。二是“外其身而身存”，即只有“忘我”才能“有我”。也就是人民心目中的圣人，都是那些一心为了百姓而忘我的人，这样的人，人民才能永远记住他，才会“有我”。

有如臧克家的诗《有的人》所描述的那样：

有的人活着，他已经死了；
有的人死了，他还活着。
有的人骑在人民头上：呵，我多伟大！
有的人俯下身子给人民当牛马。
有的人把名字刻在石头上想不朽；
有的人情愿作野草，等着地下的火烧。
有的人他活着别人就不能活；
有的人他活着为了多数人更好地活。
骑在人民头上的，人民把他摔倒；

给人民作牛马的，人民永远记住他！

把名字刻在石头上的，名字比尸首烂得更早；

只要春风吹到的地方，到处是青青的野草。

他活着别人就不能活的人，他的下场可以看到；

他活着为了多数人更好地活着的人，群众把他抬举得很高，很高。

现代人也常说“金杯、银杯不如老百姓的口碑”，也就是这里所说的“非以其无私邪，故能成其私”。

本章从天长地久这样一个现象，来说明治世、为人的要点是什么，也再一次论述了“有为”和“无为”之间的差别。“有为”和“无为”都是“为”，“有为”是以人的意志为中心进行操作，由于阅历和认识的局限，往往会违背自然规律；“无为”是以自然为中心操作，这样就是顺其自然。

比如古代鲧禹父子治水的故事，他们都利用了土能克水的特性，看起来都有一定的道理。但鲧使用堆积土来防止水的漫流，即使用壅塞的方法，与水进行直接对抗；而禹采用挖土开渠以引导水流，即使用顺势疏导的方法。结果鲧的办法越堵洪水越泛滥，而用禹的办法不停地疏导，则借洪水之势而安全流走。这对统治者来说，也有借鉴作用，“防民之口，甚于防川”。

第八章

上善若水。水善利万物而不争，处众人之所恶（wù），故几（jī）于道。居善地，心善渊，与善仁，言善信，政善治，事善能，动善时。夫唯不争，故无尤。

【提要】本章说明“道”才是真正的善，并举出“善”的多种特点，以提出“上善如水”的观点。

【新解】水为坎卦☵，外阴而内阳，外柔而内刚，并有以下特长、优点，故称之为“善”。水得以恰当利用，则价值无穷：①变化无穷。水既无形而又有形，可以到处流动而不受约束，活动力很强，活动范围很广，影响力很大；②利万物而不显。水为生命之源，黄河流域养育了中华儿女，物丰人旺，而使中华民族得以延续，所以后人多称黄河为母亲之河；③水柔而能克刚。其性坚忍不拔，坚持不懈，所以有水流改道，水滴石穿之功；④水能济火。水不仅能灭火，而且能水火相济，在中医治疗中以水济火就属于一种很重要的方法；⑤形态变化比较多。外在既无固定形态，而内在又有冰、水、气之变化，水以不同形态而为人们所用，可谓色彩斑斓、变化多端；⑥能动静相处。水静而安详平和，动而力量无尽，能为人所用，如借用水的力量使用水车，可以顺水行船，现代更是高峡出平湖，进一步利用其发电等；⑦甘居低处而不争。故水能积少成多，雍容大度，能随遇而安，一切均顺其自然，所以位卑而不自卑。

这段经文是以水的特点来阐述“道”的内涵。水与道学的思想非常接近，具有水特点的“善”，才是最好的善。可见“道”很重要的一个表现就是“善”。这里所说的“善”，不仅仅说“善于”“擅长”，也包括“尽善尽美”“从善如流”等多种含义。

这里认为得道之人，应该具有下七个方面的“善”：即“居”“心”“与”“言”“正”“事”“动”。这是一种“得道”的顺序，也就是“道”的进展过程，在《道德经》中称之为“德”。所以“道德”二者缺一不可。

地之“善”，主要指风水，风从哪里来，水往哪里流，其要点是为了促进健康。自古我国就讲究坐北朝南以利于采集阳光；依山傍水以利于燥湿相当；远离风口以避风挡寒等。居于此地，有利于身体健康，身心才能和谐。古人讲“一命二运三风水，四看祖荫五读书”，其中命运是自己很难掌控的，而风水则是通过自己的努力能达到的，所以这是“首善”。

心之“善”在于心胸开阔，虚怀若谷，深之如“渊”，才会有弃“小我”而利“大我”，达到“忘我”才能“有我”。“居善地”主要讲的是从生理到心理的变化，“心善渊”主要讲的是心理上的变化。有了这种变化，就会从不自觉到自觉。完成“道”的第一次飞跃。

由于有了“心善渊”，才会有“与善仁”，就是给予百姓真正的仁政。《道德经》所讲的“仁”，也是一视同仁，其要点是对所有人都能顺势而为，任其发展。这里开始说“道”的实施内容。而孔子说的“仁”，多指“仁爱”，就是要爱别人。“克己复礼”的最终目的也是要爱别人，多指圣人给予百姓仁爱，如体察民情，反对苛政和任意刑杀等。

“言善信”主要讲圣人说的话，要机灵应变、顺应潮流，才能得到百姓的充分信赖和自觉遵从。这里说到“道”的具体执行方法就是“善”，即“行善”。苏辙解释为“圆必旋，方必折，塞必止，决必流”，指不要硬性推动，而要像水一样自然而为。可见这里再一次强调了“无为”的重要性。《道德经》中的言与行（行善）与孔子说的“言必信，行必果，硁硁然小人哉！抑亦可以为次矣”，“言顾行，行顾言，君子胡不慥慥尔”的言与行稍有不同。孔子之说是圣人对别人（士人）的一种要求，强调言行一致，属于“有为”而为。而《道德经》强调的是圣人自己要通过“善”以取得百姓之“信”，是对自己的要求，属于“无为”而为。

有了“言善信”，才能“政善治”，这里的“政”，即施政。看起来是“有为”的，但是《道德经》要求这种施政，应该主要讲的是“善治”。这里的“善”有两个含义：①“善良”“慈善”，即施政的内容应该是对百姓有利的，而不是暴政，这种想法和孔子的“仁政”有一致之处。②“善治”和“善言”相同，就是“顺应”的意思。也就是说施政一定要顺应民意，不要故意歪曲和以个人意志诱导民意，甚至是压抑民意。

“事善能”，就是从事事业的时候，要充分发挥每个人的才能。苏辙解释为“遇物赋形，而不留于一”，随着不同的事业而取用不同的方法，不同的人可以根据自己的情况使用不同的办法，不要以一个标准而强求一律，更不能以自己的意志强求百姓，只有这样社会的各行各业才能发挥最大效能。

“动善时”，就是每个人都可以根据不同的时间，不同的形势做不同的事。就好像冬天随着寒冷水会凝结成冰，而春天来了气温上升冰就会融化成水一样顺应而为。

这些内容也正是中医医生的医德标准和行医要点。比如“居善地”就是要求患者改变不利环境。如失眠患者，可以将床改成南北向，以顺应地球磁力线，促使经络气血运行的顺畅，从而改善睡眠质量。这在治疗时是一项很重要的辅助方法。“心善渊”“言善信”对患者一视同仁，亲善对待。如《大医精诚》就说：“凡大医治病，必当安神定志，无欲无求，先发大慈恻隐之心，誓愿普救含灵之苦。若有疾厄来求救者，不得问其贵贱贫富，长幼妍媸，怨亲善友，华夷愚智，普同一等，皆如至亲之想，亦不得瞻前顾后，自虑吉凶，护惜身命。见彼苦恼，若己有之，深心凄怆，勿避险巇，昼夜寒暑，饥渴疲劳，一心赴救，无作功夫形迹之心。如此可为苍生大医，反此则是含灵巨贼。”“事善能”就是诊疗之时，一定要注意辨证论治，同病异治，异病同治，强调个性的认可，即使是同类病情处方，其中药物的加减变化也不能掉以轻心。“动善时”，就是根据不同季节，太阳、月亮出没规律进行处方用药。如患者有中午前后晕厥特点，经多人治疗无效，岳美中先生认为，中午是阴阳转换的重要时刻，所以选用小柴胡汤调节少阳之气而取得治愈的效果。如此等等，不一而足。

本章实际上讲的是用水的变化来喻“道”的具体步骤，也就是“德”的内涵，进而用“道”“德”的思想来讲如何治理国家的道理。只有这样国家才会没有灾难，所以称之为“上善若水”，也就是说“道”“德”为“上善”。

第九章

持而盈之，不如其已。揣（chuǎi）而锐之，不可长保。金玉满堂，莫之能守。富贵而骄，自遗其咎。功成身退，天之道。

【**提要**】本章指出凡事“过则为害”，把握好事物的“度”，就是“得道”。

【**新解**】这里主要通过自然现象的盈、亏变化来说明满则亏、谦受益的道理。中医也认为“阴极反阳，阳极反阴”，比如高烧病人，突然出现体温迅速降低，这时高明的医生不会盲目乐观，反而要注意观察是否会出现危象，以便及时抢救。二者有同样的道理。

虽然盈和满是世人所想，但万事万物都有一个“度”，“道”讲“中庸”，就是强调这个“度”的重要性。当然这里强调的是过多而致“过度”，还要注意的是过少也是“过度”。另外，胶柱鼓瑟也是一种“过度”，因为胶柱鼓瑟呈现静止状态，事物就没有变化。可见道家讲“度”，是在动态的变化中求得的一种和谐。只要是在和谐中，就是在“度”中。道家强调过多为不好，估计是因为古代各方面条件较差，少的时候多，一旦过多，容易产生裂变，则危害更大。

当然不同的时候、不同的人，这个“度”也不一样，所以无论养生、防病、治疗都要注意这个“度”。如何掌握好这个“度”，为人、为医都很重要，难也难在这个“度”上。它既是所有百姓日常生活需要注意的地方，也是医生医疗水平高低的表现。中医很强调这个“度”，认为“重阳必阴，重阴必阳”，事物过分就会发生根本性转变，所以强调“阴平阳秘，精神乃治”。

胶柱鼓瑟实际上是一种认死理，容易出现纯静止状态，这和道家讲的“度”不同。道家的“度”讲的是动态，而且是和谐的动态。有时看起来好像是静态，但这种静态不是死水一潭，而是微波荡漾。这里说“金玉满堂，莫之能守”就含有这种意思。人们常说的书呆子、守财奴也是一种“过度”。

中医医生强调“悟性”，也就是说无论你记住了多少处方，你背诵了多少经典著作，若缺乏“悟性”，不能变通，治疗的效果也很难满意。

第十章

载（zài）营魄抱一，能无离乎？专气致柔，能婴儿乎？涤除玄览，能无疵乎？爱民治国，能无知乎？天门开阖（hé），能无雌乎？明白四达，能无为乎？生之畜（xù）之，生而不有，为而不恃，长（zhǎng）而不宰，是谓玄德。

【提要】本章强调以“道”治国，要点是“无为”。而顺应自然就是要遵循事物发展过程，也就是要重“德”。

【新解】本章连续六问，就是从道学的角度来论述养生和治国之间的同一性。其中“能无离”“能婴儿”“能无疵”“能无为”“能无雌”“能无知”的疑问，看似否定，实属肯定，用来说明是需要的。比如“载营魄抱一，能无离乎？”就是指“载营魄抱一，能无离”（魄精营运是能够不分离的）。

“载营魄抱一”，其“载……一”，与“载一抱素”的语句相似。而“营魄抱”（也即抱营魄），指坚持一种信仰，固守营魄。所谓营魄，营为阴，魄为阳，营魄抱一、阴阳相合而不分离，是万物相生相成之根本。

“魄”者，《灵枢·本神》说“并精而出入者谓之魄”，是为肺所表现的一种神。精为阴，魄为阳，阴阳互为促进，二者一起演化为肺之神气供给人体。也就是精多则魄强，精少则魄弱。所谓魄，有如我们当今所说的人的基本活动或意识，本能感觉和动作，属于天生的本领。如生下来就会吸奶，天生胆大，对外来刺激有自然反应的能力，对人身的自我变化有自动感受能力，还有如好奇心，模仿力等。张景岳说：“魄之为用，能动能作，痛痒由之而觉也。”孔颖达疏（《左传》）也说：“附形之灵为魄，附气之神为魂。附形之灵者，谓初生之时，耳目心识，手足运动，啼呼为声，此则魄之灵也。附气之神者，谓精神性识渐有所知，此则附气之神也。”可见，本章是讲魄与精相守，互为拥抱，正常营运，为人体的一种天然行为，是人体的一种正常状态。所以营魄不能分离，否则就会产生危害。

所谓“专气”，就是指各脏腑所属的“神气”。苏辙解释为“神治则气不妄作，喜怒各以其类，是之谓专气”。心主神，肝藏魂，肺主魄，脾主意，肾主志，就是各脏腑的“专气”。“专气”为阳，是需要阴精、阴血、阴液等供养和协调。“专气致柔”，指“专气”需要柔和，“专气”应该与精血、津液等阴精相协调，才能发挥正常功能，如脏腑表现出正常的神志功能。中医认为肝为将军之官，肝气易动，而肝又藏血，血气相调则能平安无事。若肝气太旺，则会出现情绪高亢、激动，情绪不能控制；肝气太弱，也会出现魂不守舍等。这些都是肝血（阴）与肝魂（阳）不能调和所致，也就是不能致柔就会产生各种疾病。

而“能婴儿乎”中的“婴儿”，从前后连续几个发问“能无离乎”“能无疵乎”“能无为乎”“能无雌乎”的用词来看，“婴儿”应和“无离”“无疵”“无为”“无雌”类似，四个“无”字，均是用在动补结构中间，表示不能达到某种结果。当然，这里使用的是反诘句。所以“婴”字和“儿”字不是组合成一个名词，“婴”应该是名词动词化了，表示温柔、养育的意思。“婴儿”的意思是，能像养育小儿一样吗？养育小儿需要使用协调柔和的方法。所以说只有“专气”能够像养育小儿一样“致柔”，保持人体的健康状态。

“涤除玄览”，所谓玄览，指很玄妙的镜子。高亨《老子正诂》：“览、鉴古通用。玄者形而上也，鉴者镜也。玄鉴者，内心之光明，为形而上之镜，能照察事物，故谓之玄鉴。”其之所以玄妙，是虽然看不见它，它却是客观存在，能体察外界事物的变化，就好像我们常说的第六感官一样。实际上它是人神的表现。因为它属于人神，所以必须非常纯洁，不能有任何杂念干扰。

“能无疵乎”，就是说我们能不能保持它没有任何瑕疵是其中的要点。佛学中神秀偈曾说：“身如菩提树，心如明镜台。时时勤拂拭，勿使惹尘埃。”看来佛学与道学有相同之处。但佛学说的内容是强调自我修养，有意识、努力使自己达到心灵美；而道学强调的是顺其自然，在顺其自然中完善自己，也就是一个人要本能地或顺应自然地形成这种境界，才符合道学思想。如慧能偈说：“菩提本无树，明镜亦非台，本来无一物，何处惹尘埃。”因此，如慧能偈所说的似有而无，似无而有，与道学思想更为接近。

本章告诉我们在日常生活中自然形成的心灵美，是真正的美，对人体、对社会才能有益。若是强制性、靠外力推动的人心改变，就可能是虚假现象，就像镜子上蒙受灰尘一样，不容易看出它的真面目。

因此道学很重视在治国上的无为而治。这里还要再强调一次，所谓“无为”不是什么事情都不干，而是顺应潮流而干，认为只有“无为”才能“无不为”，所以称之为“无为而治”。真正的爱民也是一样，只有顺应民心，顺从民意，体贴民情，尊重民权，以民为天，顺风行舟才能获得民众的认可、社会的进步。强求民众顺从个人的意志，以各种理由拿捏民众，不可能是真正爱民。爱民是治国的基础，二者道理相通，没有爱民就谈不上治国，所以这里将二者联系在一起。

所谓“天门”，从道学的角度上说应该是指天眼。古代道家主张练习气功，练到一定的时候，就会有开天门（眼）之说。天门（眼）的位置在前额（印堂为中心），开了天眼，人神能随着经络气血的流动，内观体内经络、五脏。“开阖”，就是能够自如开关天眼。动者为阳，阳动而阴随，静者为阴，阴适则阳动，说明人神之动必须有阴精的支持。正如中医所说，气为血之帅，血为气之母，气行则血行，血至则气至，二者必须互为关照。阳动必须有阴精支持，因而这里说“能无雌乎”，意思是没有阴能行吗，认为必须有阴的参与才会真正开天眼。

郑玄注《周礼》曰：“四达者，治民之事。大通者有四，夫家众寡也；六畜车辇也；稼穑耕耨也；旗鼓兵革也。”“四达”，即一是家庭、人口的发展变化；二是畜牧养殖的变化；三是耕耘收获的变化；四是军事武器的变化。这些都是一个国家需要重视的地方。但是若仅仅埋头于这些事情，则仍然是舍本趋末。整天忙忙碌碌，陷入事务性工作中，则不一定能治理好国家。因为无论要治理好国家还是办好其他事情，首先需要的是“无为而治”。本章说若要明明白白做好治国安民的四件事，就需要运用道学所提倡的“无为而治”的思想。与其就事论事，还不如不知其事，所以这里说“能无为乎”。

万事万物均有其发展的规律，春夏秋冬、生长收藏、生老病死，都有一定的发展阶段，道学的思想就是顺应自然。所有动植物的生长规律都不一样，所以其“德”性也不一样，既很难明白其中的奥妙，又不可能人为地将其规划统一，因此称这种“德”为“玄德”，即玄妙的德性。“生之、畜之，生而不有”，不要人为地打乱这种“德”性，阻断其发展规律，应任其生长发育，不要纳入个人的意志之中而进行改变。“为而不恃，长而不宰”，不要以个人的想法去强制它，而要以“无为”的思想去看待它，并且长期如此。总之，不要胡乱作为，要重视其中的“德”性，只有这样对待“玄德”，才是有利的。

第十一章

三十辐共一毂（gǔ），当其无有，车之用。埏埴（shān zhí）以为器，当其无有，器之用。凿户牖（yǒu）以为室，当其无有，室之用。故有之以为利，无之以为用。

【提要】本章主要讲述“有”与“无”之间的辩证关系，强调了“无”的重要性。

【新解】文中以车毂、器皿、房屋三者举例，说明其中“有”的部分，即看得见的部分，是塑造了它的形态，而真正可以为人们使用的部分，则是其“无”的部分。若是“有”不能塑造出有价值的“无”来，那么“有”就没有意义。比如车毂若不能制造出“无”的部分以减轻重量和加大灵活性；若器皿不能捏制出能盛装食物的凹陷“无”；若房屋不能围出空间“无”以适应人群居住，那么这些各种造型的“有”，就没有任何价值。可见“有”能利于社会，是因为“无”在其中发挥了关键性作用，说明真正有用的是这些看起来似乎什么也没有的“无”。

本章从另一个角度说明无形来自有形，且无形决定了有形的价值。换句话说，就是不同的框架，有不同的用途；不同的制度，有不同的行为；不同的阶段，有不同的对策。若一个国家没有恰当地有为，无为就是一句空谈。凭空论道、坐而论道都是发挥不了积极作用的。可见，这里强调了“无为”和“有为”之间的关系。“无为”不是“不为”，而是“无为而为”。

人们总是在追求幸福，而有人却把幸福解读为“有”，有车、有房、有钱、有权；但其实幸福是“无”，无忧、无虑、无病、无灾。“有”若是不能构建成“无”，那么这种“有”就没有价值。其结果是：“有”仅仅是给别人看的东西，过眼云烟而已，时过境迁，很快就会成为无；而“无”才是自己真正的享受，也只有这种“无”才能体现“有”的价值，是“无”决定了“有”。“无”“有”之间有一种必然的转化关系，“无”中生“有”也是一种情操。

本章说到的“有”“无”，实际是指“有为”和“无为”之间的辩证关系。也就是说，一些看起来的“有为”，是因为“无为”在其中发挥了关键性作用。没有这些“无为”，“有为”就是瞎折腾，没有任何意义。可见“有为”一定是因为“无为”而存在才有意义。所以道学强调“无为而治”和“无为而无不为”。

第十二章

五色令人目盲，五音令人耳聋，五味令人口爽。驰骋田猎令人心发狂，难得之货令人行妨。是以圣人为腹不为目，故去彼取此。

【提要】本章主要从百姓日常生活中的变化，说明“无为”和“有为”对人体健康的影响，只有重视“无为”才是健康的生活。

【新解】从中医的角度来看，五色为青、红、黄、白、黑；五音为宫、商、角、徵、羽；五味为酸、苦、甘、辛、咸。五色、五音、五味分别与五脏肝、心、脾、肺、肾相适应。这些都是与日常息息相关的内容，同时又很强调一个度，过则为害。如咸走血，多食之，令人渴；辛走气，多食之，令人洞心；苦走骨，多食之，令人变呕；甘走肉，多食之，令人悗心。除此之外，还有很多其他因素与脏腑相关：如心脏，在色为赤，在音为徵，在声为笑，在变动为忧，在窍为舌，在味为苦，在志为喜等。这些因素的变化都会影响到人体的健康，一般来说只要在正常范围内都是有益的，而过度则会损害人体。所以这里说五色、五音、五味在过度的时候会使人目盲、耳聋、口爽，就是目不暇接、耳不辨声、口不甘味，即不能得到应有的享受，做出应有的反应，甚至会损害五官，进而发生情绪变化，产生异常思想，做出越轨行为。所以本章认为圣人应该注重身体内在的感受，而不要享受过分的外在刺激。

现代有很多失眠病人，西医也正在进行有关研究，比如使用睡眠机检测，用音乐、影像进行诱导等。而中医治疗失眠也有一定的特色与优势。一是使用中医辨证论治，中医认为神、食、火为失眠的主要致病因素；二是根据五行配合五味、五色、五音等。我曾建议可以进行中西医配合治疗，比如使用音乐时，在使用一些抒情音乐的基础上，还可按患者辨证结果有选择性地使用宫、商、角、徵、羽五音中与有关脏腑相对应的音乐；饮食上除了营养餐外，可根据脏腑辨证，用酸、苦、甘、辛、咸五味中相对应的食物；墙壁根据不同病人使用青、红、黄、白、黑五色中相对应的颜色等。我相信这样有针对性的治疗效果会更好。比如以火象为主的失眠患者，除了针对性处方之外，还可让他经常听一些“羽”音的音乐，如梅花三弄；吃一些较咸的食物（这样喝水就会增量）；住进光线较暗的房间等，以水来克火。

“有为”的生活是超过了正常需求的生活，所以损害人体健康，而“无为”是一种顺其自然的生活，所以能益寿延年。所以本章说应该“去彼取此”。

第十三章

宠辱若惊，贵大患若身。何谓宠辱若惊？宠为上，辱为下，得之若惊，失之若惊，是谓宠辱若惊；何谓贵大患若身？吾所以有大患者，为吾有身，及吾无身，吾有何患！故贵以身为天下，若可寄天下；爱以身为天下，若可托天下。

【提要】本章讲七情对人的影响：一是宠辱若惊，二是贵大患若身。进而说明尊“道”的重要性。

【新解】何谓宠辱若惊？宠和辱对每个人来说都可能会引起情绪变化，一般人得宠多喜，得辱多悲，而且情绪容易失控。这样会出现过则为害的状况。“若惊”，好像有惊喜、惊恐。旨在劝诫大家不要因被宠辱而过分惊喜、惊恐，这样心情才不会被扰乱，情绪才能得到控制。

古人认为人有七情六欲，“惊”为七情之一。其正常时有利于人体健康，而过分时则会影响人体健康，所以需要掌握一个“度”。

有关七情，《礼记·礼运》说：“何谓七情？喜、怒、哀、惧、爱、恶、欲”，其中并没有“惊”。可见这里“惊”之所指，应是中医所说的七情之一。中医七情是喜、怒、忧、思、悲、恐、惊。其中肝为怒、心为喜、脾为思、肺为悲、肾为恐。忧与惊则无脏腑专属，既无专属，也就是说忧与惊可以同时影响五脏。其中与“惊”字有关的常用词语有惊魂未定、惊喜若狂、惊恐失色、惊心动魄、惊恐万状等，均与五脏相关。可见“惊”对人体影响之大，所以本章以“宠辱若惊”来说明情绪应该有所控制，而且这种控制应该是很自然出现的，只有这样才是“得道”。

在《儒林外史》中，范进中举后疯疯癫癫，无法控制。因他平时惧怕他的丈人，此时有人提议让他丈人出面控制局面。果真，丈人上前一耳光将他惊醒，疯癫全无，可见“惊”对人体的影响力有多大。

所谓“贵大患若身”，其中“大患”，患上了重大疾病；“若身”，“若”

是指到达，“身”是指身体。既然疾病到达身体，也就是患上了重大疾病，那为什么还要“贵”？后文解释为我没有身体，你再大的疾病也无处安身。可见“贵”就是贵在我没有身体，所以我个人就不可能有什么重大疾病。用现在的话说就是只有“忘我”，就不会计较得失。因为忘我而去管理天下，天下就一定能治理好，所以这样的人，百姓就可以对他寄予希望。也就是说他虽然没有自己专属的身体，但他的身体已经和天下合二为一，天下有问题也就有如他自己得病一样，所以一定会很重视；爱自己的身体一样爱天下，所以这样的人就是百姓可以托付身家性命的人。

第十四章

视之不见名曰夷，听之不闻名曰希，抟之不得名曰微。此三者不可致诘（jié），故混（hùn）而为一。其上不皦（jiǎo），其下不昧。绳（mǐn）绳不可名，复归于无物。是谓无状之状，无物之象，是谓惚恍。迎之不见其首，随之不见其后。执古之道，以御今之有。能知古始，是谓道纪。

【提要】本章解释了“道”的特点和纲领。

【新解】“道”有三个特点：无色、无声、无形，也就是看不见、听不到、摸不着，问谁也问不明白。这三个特点看起来都是一样的，可以统称之为“无”，所以“混而为一”。它们看起来好像什么也没有，但是却能解释物质世界的一切问题。你能感觉到它的存在，又看不清它的实体，说不清、道不明，但总能隐约地出现在你的眼前。“道”不是一件具体的物品，没有具体形状，而是一种思想，可以指导人们的行为。

“道”是属于形而上的思想。如《易·系辞上》说：“是故形而上者谓之道，形而下者谓之器。”宋代朱熹《答黄道夫》：“天地之间有理有气。理也者，形而上之道也，生物之本也；气也者，形而下之器也，生物之具也。”清代戴震《〈孟子〉字义疏证》卷中：“形谓已成形质。形而上犹曰形以前，形而下犹曰形以后。阴阳之未成形质，是谓形而上者也，非形而下明矣。”所以本章所说的“上”，指形而上；“下”，指形而下。所谓“其上不皦，其下不昧”，苏辙解释为“道虽在上而不皦，虽在下而不昧，不可以形数推也”。从形而上的角度看，“道”虽然看不清、摸不着，但从形而下的角度看，能解释实际问题，有具体成果。这是因为“道”属于哲学范畴，是对自然界发展规律的一种理解和总结，是比较抽象、模糊的。但它来自实践，故用之于实践则灵，以这样的方式让你看得见、摸得着。

本章说“执古之道，以御今之有。能知古始，是谓道纪”。说明道学的研究目的很明确，就是以古喻今，用古人成熟、优秀的理论解决当今所面临的问题。要达到此目的，就要尊重道学的基本思想、“道”的纲纪，这里称之为“道纪”。

第十五章

古之善为道者，微妙玄通，深不可识。夫唯不可识，故强（qiǎng）为之容。豫兮其若冬涉川；犹兮其若畏四邻；俨兮其若客；涣兮其若凌释；敦兮其若朴；浑兮其若浊；旷兮其若谷。孰能浊以止，静之徐清？孰能安以久，动之徐生？保此道者不欲盈，夫唯不盈，是以能蔽复成。

【提要】本章说明得道之人必须具备的七种品质，即远虑、给予、宽容、热情、虚心、豁达、交融。

【新解】“善为道者”之“善”，是指“善于”或“配得上”。从“微妙玄通，深不可识”来说，就是这类人学问高得很，深不可测，应该是对得“道”之人的一种尊称。

“豫兮其若冬涉川”之“豫”，同“预”，指凡事有远见，表示思考和预测。与之相关的有预则立，不预则废之说。这句话的意思是，就像准备冬天涉水一样，因天气寒冷，所以事前应该有所准备。对得道之人来说，对天地人的变化了若指掌，才能应对自如。

得道之人会根据不同季节使用不同的养生方法。在《素问·四气调神大论篇》中就对不同季节的养生方法多有介绍，其中如“春三月……夜卧早起，广步于庭，被发缓形，以使志生，生而勿杀，予而勿夺，赏而勿罚。夏三月……夜卧早起，无厌于日，使志无怒，使华英成秀，使气得泄，若所爱在外。秋三月……早卧早起，与鸡俱兴，使志安宁，以缓秋刑，收敛神气，使肺气清。冬三月……早卧晚起，必待日光，使志若伏若匿，若有私意，若已有得，去寒就温，无泄皮肤”。这里强调了起床时间和睡眠时间与太阳节律相合，尤其对男性来说更为重要。因为男性为阳，受太阳节律影响较大。

春生夏长，秋收冬藏。冬天来了，春天还会远吗？那么就得早有准备。总之，人无远虑，必有近忧。远虑的依据也必然是顺应自然。

“犹兮其若畏四邻”，其中“犹”，指认真思考；“若”，指相近、接近、靠近；“畏”，不是指“畏惧”，而是“敬畏”“遵从”“顺从”的意思，如后生可畏，畏天悯人等；“四邻”，指四周、周围。从五脏的五行关系来看，每脏都与其他四脏为邻，互相影响，所以称他脏为四邻。本句的意思是认真考虑与四邻交往。

中医有四“畏”。《素问·五常政大论篇》：“司气以热，用热无犯，司气以寒，用寒无犯，司气以凉，用凉天犯，司气以温，用温无犯，间气同其主无犯，异其主则小犯之，是谓四畏，必谨察之。”可见“畏”指“同类相求”，并不是“畏惧”的意思。

比如从五脏来说，肝其畏清，心其畏寒，脾其畏风，肺其畏热，肾其畏湿。其中肝脏，与春天相应，春天和风拂煦，太热、太冷之气都不利于肝气的生长，只有清凉的春风才利于养肝，所以说应该给予肝脏清凉之气。心与夏天相应，夏天暑热高温，心火容易亢旺，所以应该给予心脏寒凉之气。长夏与脾脏相应，湿气很重，影响脾主湿的功能，而风能胜湿，所以应该给予脾脏和风之气。肺脏与秋天相应，天气变凉，影响肺主升散，而温热抑凉，所以应该给予肺脏温热之气。肾脏与冬天相应，冬天干燥，水容易结冰，而肾主水，故需水湿相助，水流才能得以畅通，所以应该给予肾脏水湿之气。

本句还有一层意思是指治理国家要像“畏四邻”一样，主动给予周围百姓以帮助，这样才能得到良性回报，才能出现和谐环境，才符合“道”的精神。

“俨兮其若客”，“俨”，恭谨庄重的样子，这里指正襟危坐，“其”就是指某一位人物，“俨兮其”，说明这位人物正襟危坐；“若客”，像到他人家中做客的客人一样。那么这位人物像客人那样正襟危坐干什么呢？肯定是在聆听主人说话。这样的场景，是在讲主客之间的关系，同时也比喻治理国家的管理者，应该像客人一样，听从主人的意见。换句话说，就是管理者应该像公仆一样，而百姓才是主人，公仆应该听从主人的所有建议。说明“得道”的管理者必须有很宽容的心态，根据百姓的要求去从事管理工作。这也就是强调了“顺应”外界所发生的一切变化的重要性。正如《灵枢·师传》说：“百姓人民皆欲顺其志也。黄帝曰：顺之奈何？岐伯曰：入国问俗，入家问讳，上堂问礼，临病人问所便。”医生到病人家看病，也应该像客人到主人家那样放下身态，有宽容的心理，顺从别人，才能取得疗效。

“涣兮其若凌释”，“涣”，指涣散，消融。这句话的意思是这种松弛像春天来了，气温渐渐上升，冰雪逐渐消融，人们心情愉快的样子。要点是热度、热情、温暖。此处冰雪消融，可以理解为“涣”是一种温暖而致的结果。若不是温暖，仅仅靠外力，有如《易经》五十九卦中的风水涣卦☴，是上巽下坎，上风下水，为风吹而致水（冰）涣散，那么这个卦一般认为不好。因为风吹在水（冰）面上，使水（冰）流动四散，这种流动容易出现时散时凝而难以掌控，还可产生冰凌等，破坏性极强。反之，热情就会主动，这种主动不是强制性的，而是温暖地缓缓浸入，缓释涣消，达到冰消雪释。所以道学要求以热情、温暖的心态主动探索困惑于百姓心中的疑惑，顺从百姓的要求，温暖百姓的心。这也是“无为而治”中“顺从”的一种表现。

“敦兮其若朴”，“敦”，是中国古代食器，在祭祀和宴会时放盛黍、稷、稻、粱等作物。最早出现在春秋时期，后来逐渐演变出盖。敦由于简单、厚实、实用，故可理解为敦厚、敦实的意思。“朴”，指树皮，如中药的厚朴。《内经》中就讲到黄帝具有幼而徇齐、长而敦敏的品质，中医脏腑理论还认为脾属土曰敦阜等。

这一小节的意思是为人要有敦和朴的品格。像敦一样外厚而中空，才能虚心而尽量聆听，才能有大量包容的可能；像树皮一样外糙而内细腻，才能抵御干扰，接受和运筹新生事物。

“混兮其若浊”，“混”，不是指混乱，而是指混合，而且这种混合是有序混合，好像阴阳相合一样。在本书第二十五章就有“有物混成，先天地生”一说，其中天地就是指阴阳，阴阳相合，变化无尽，才有万事万物。“浊”不是指混浊，而是指厚重，指属阴的物质。中医中常说清阳为天，浊阴为地。清与浊的含义虽然相距甚远，但与阴阳概念结合后，就变成一个相对概念。清浊之气在代谢过程中，处于一种既交汇成为整体状态，又重新分离成为新的清浊体状态。所以本节说的“混”，就是指这种清浊体的状态。其关键是互相交融，只有互相交融，阴阳才会有变化，才会出现新生事物。这里所说的交融，是指管理者与百姓如阴阳相合，能水乳交融。这既是一种品质，也是一种很重要的能力

“旷兮其若谷”，“旷”，空旷，说明太阳照射的面积很宽广；“谷”，两山之间为谷，不仅空旷，而且深入。这句话的意思是要努力使自己有丰富的知识，完美的阅历，才会有豁达的胸怀；心胸开阔才能阳光普照，也就是说为

人一定要豁达，才能通情达理。“若不撇开终是苦，各自捺住即成名”，有了豁达的心态，才能理解“道”的高深。

本章还用“孰能浊以止，静之徐清？孰能安以久，动之徐生？”来检验自己，如能做到，就应该具备了这种品质。“静以徐清”，指阴阳相合“浊”的时候，安静的阴气能够漫漫生长起来，也就是以阳促阴的意思。“动之徐生”，指阴阳相合“安”的时候，活跃的阳气能够漫漫生长起来，也就是以阴促阳的意思。

总之，“浊”与“安”，是阴阳之间最有利的互动，能够变化万物，发展事物。所以本章认为具备“远虑、给予、宽容、热情、虚心、豁达、交融”品质的人，才能做到“能浊以止，静之徐清”，“能安以久，动之徐生”。阴阳的这种相合、变化，就是符合“道”的精神。具有这类品质的人就是具有道学思想的人。

最后，本章还认为，“不欲盈”是保持这种精神的关键点。所谓“不欲盈”，就是不要过分。如果过分了，哪怕再好的品质，都会变味。有如真理向前一步，就会变成谬误一样。无论阴阳如何变化，互相促进，都必须在协调的状态下，才会有发展状态。而过分，就会出现新的弊端。

第十六章

致虚极，守静笃（dǔ）。万物并作，吾以观其复。夫物芸芸，各复归其根。归根曰静，静曰复命。复命曰常，知常曰明。不知常妄，妄作凶；知常容，容乃公。公乃王（wàng），王（wàng）乃天；天乃道，道乃久，没（mò）身不殆。

【提要】本章主要讲道学中顺应自然的内涵是静守为常，以静求动。

【新解】“致虚极，守静笃。万物并作，吾以观其复”，“虚极”即无，“守静”即阴。因为无极生有，静极生动，阴阳在不断地变化，所以能生长万物，而且生生不息。由于这种变动是互相转换的，既可以从无到有，又可以从有到无，所以说我们能不断、重复地看见这类现象。

道家从阴阳学的角度上，认为阳极生阴，阴极生阳。因为从我国的地理位置上观察，太阳在北回归线的时候，我们离太阳最近，也就是阳极之时。然后太阳向南回归线转移，阳气逐渐减少，阴气逐渐增多，就出现了阳极转阴的现象。太阳照在南回归线的时候，离我国最远，即阴极之时，这时太阳就会向北半球转移，出现阴极转阳的变化。因为地球自然出现这种转归，所以道学从顺应自然的角度上说，阳极生阴，阴极生阳；无能生有，静能生动。自然界在不断轮回，万事万物在这个过程中进行动静、有无之间的转换。

“夫物芸芸，各复归其根。归根曰静，静曰复命”，其中“归其根”，指返回它原来的地方；“复命”，指完成了原来的使命，回去报告。这里是说回归本原之地，并且还复原来的本性。

本节是说万事万物在不断的变化中，从无到有，又从有到无，回到了原本的地方。既然什么也没有，所以称之为“静”，只有“归根”了，才会有“静”。这就是事物发展的常态，所以后文说“复命曰常”。知道事物发展的常态，应顺应常态；若违反常态，强行推动就会让事情恶化，就会呈现凶象。

后文说，明白事物发展的常态，而能顺从处之，只有顺应自然才是“公”。所谓“公”就是客观。只有客观处理事物，才会有“王”。所谓“王”就是旺盛。只有事物旺盛，才符合“天道”的精神，才能顺应自然，才不会出现不可预料的危害。

第十七章

太上，不知有之。其次，亲之；其次，誉之；其次，畏之；其次，侮之。故信不足，焉有不信。犹兮其贵言哉！功成事遂，百姓皆曰：我自然。

【提要】本章指出国家最好的管理者所应该具有的气质和表现，就是讲信誉、贵言论。以此说明它们与“无为”之间的关系。

【新解】“太上”，指太好的、最高级的。“不知有之”，这里指管理国家表现最好情况是百姓不知道有人在管理，可以放心生活。“其次，亲之”，指稍差一点的情况是，百姓亲身感受到他在殚精竭虑治理国家，且卓有成效，并得到认可。“其次，誉之”，再差一些，就是得到的百姓称誉，这种称誉也有可能不是发自内心，而是言不由衷。“其次，畏之”，比上述的再差一些的，因为百姓害怕他，虽然不愿意，但不得不去遵守他所制定的规矩。“其次，侮之”，最差的情况是，由于他的胡作非为，百姓无法忍受，但又无法反抗，只能用一些隐晦的段子，指桑骂槐地去讥笑他。例如在古代，百姓借用一些儿歌来暗讽；在现代，民众用看起来无关紧要的政治笑话来讽刺执政者。

“故信不足，焉有不信”，所谓“信”，就是人言二字。常说“人言可畏”，人言也就是信，信誉。不讲诚信，就得不到百姓的信任。同时，对百姓不讲诚信，也是一种不自信的表现。由于不自信，就会对百姓采取强制性办法，百姓就更不会相信他。王弼还进一步举例说“夫御体失性，则疾病生；辅物失真，则疵衅作”。一旦信誉失去，等于身体失去原有的本性，也就是阴阳失调，就没有对抗疾病的能力，就会因此产生疾病；制作器物的材料有假，制作出来的成品就一定会有瑕疵。

“悠兮其贵言哉”，“悠”，悠然，就是不要急功近利，即道家所说的“无为而治”。另外很重要的一点是“贵言”。“贵”在两点：一是看重自己的言论，不轻言妄语；二是以诚信来回报自己的言论。而要做到这个“贵”字，首先就得“悠”，其要点是注意自己的所“言”。

“功成事遂，百姓皆曰：我自然”，这里说的是“无为而治”的表现。所谓“功”就是国家之事；“事”就是百姓之事；“遂”就是随了人们的心愿，也就是成功。而成功的标志是百姓并没有感觉到有人在强迫他们，而是以为是自己在不知不觉中顺其自然而成。

本章再一次说明了什么是无为而无不为，为什么“无为”能成为“有为”，以及“有”“无”之间的区别在于是否“我自然”。

第十八章

大道废，有仁义；慧智出，有大伪。六亲不和，有孝慈；国家昏乱，有贞臣。

【提要】本章用事物之间的关系进行对比，来说明道学对社会的重要性。

【新解】“大道废，有仁义”，“大道”指道学；“仁义”指诸子百家所包含的仁义内容。这句话的意思是若道学思想实施不了，就能看出其他学派的所谓仁义是多么的不合时宜。

“慧智出，有大伪”，“慧”指领悟和联想能力；“智”指掌握和运用能力；“出”指排除、去掉。这句话的意思是若是人们不能用智慧去思考问题，那么虚假的现象就会不断涌现。

“六亲不和，有孝慈”，“六亲”，古代对此说法不一，应指联系较为紧密的亲属；“孝”一般指下辈对上辈；“慈”一般指上辈对下辈。这句话的意思是在亲属之间不和睦的时候才会看出谁真正有孝心，谁真正有慈爱。

“国家昏乱，有贞臣”，只有在国家不安宁的时候，才能看出谁是忠臣，谁是奸臣。

本章的含义，与“潮水退去，才知道谁在裸泳”句义相类似，说明好、坏，对、否是在比较中显现出来的。前两句为主，后两句为辅，后两句是从另一个角度对前两句的补充。本章主要将“大道”和“智慧”联系起来，说明它们都是社会、百姓不可或缺的精神财富。

第十九章

绝圣弃智，民利百倍？绝仁弃义，民复孝慈？绝巧弃利，盗贼无有？此三言也，以为文未足。故令之有所属：见（xiàn）素抱朴，少私寡欲，绝学无忧。

【提要】本章以三绝三弃说明，只有以道学为基础治理国家，百姓才会真正获得利益，六亲才会孝慈，盗贼才会平息。

【新解】“绝圣弃智，民利百倍”，“圣”“智”，应指上十八章所说的“大道”“慧智”；“绝”“弃”是指完全抛弃。苏辙解释为：世人不足以知圣智的真正内涵，由于一时不能得到利益，所以总想急功近利、以巧取胜，以为这样才能获得利益，于是驰骋于末流。最后的结果是百姓反而不胜其害矣。可见，这里不是说抛弃了“道”“智”就获得百倍的利益，而是指以为能获得百倍的利益，一种假设而已。

“绝仁弃义，民复孝慈”，意思是说抛弃仁义，百姓就会恢复慈孝。这里苏辙解释为，因为有人以仁义之名向社会博取利益，于是假象丛生，出现子有违父，而父有虐子的现象。因此而觉得仁义没有用，于是抛弃它，以为这样就会使亲人间重现孝慈。实际上这也是一种误解所致，不是事物的真相。

“绝巧弃利，盗贼无有”，意思是说限制投机取巧以牟取利益，那么盗贼就会绝迹。苏辙解释为，取巧和获利都是盗贼实用的手段，所以去掉这些手段，盗贼就自然会消失。实际上这也是一种误解，盗贼的出现和很多因素有关，仅仅绝巧弃利是远远不够的。

“此三言也，以为文未足”，“三言”就是指这里提出的三个疑问；“文”，条文，引申为管理制度、管理方法等。有人对这三绝三弃都有疑问，那就是拟定的管理条文不够，管理还不严格，所以不足以威慑百姓，以致百姓毫无顾忌而胡作非为。实际上这也是一种误解。

“故令之有所属”，以上既然都是一种误解，也就是不能从根本上解决问题的枝节做法。所以只有找到它的根本原因，让它回归于其原本的面目，才是解决问题的关键。

“见素抱朴，少私寡欲”，“素”指单纯、简单，单色，多指白色，这里还指心理因素比较安定；“朴”，在《素问·上古天真论篇》中解释为“故美其食，任其服，乐其俗，高下不相慕，其民故曰朴”，应该和现代所说的“朴素”意思差不多。本节的意思是，简单朴素的生活，温饱自在地活着，随遇而安地居住，清心寡欲的快乐，以安贫乐道为目标，就是属于道学的范畴，也就能解决以上不能解决的问题。

苏辙在解释完本章的经文后，曾说：“然孔子以仁义礼乐治天下，老子绝而弃之，或者以为不同。《易》曰：形而上者谓之道，形而下者谓之器。孔子之虑后世也深，故示人以器而晦其道，使中人以下守其器，不为道之所眩，以不失为君子，而中人以上，自是以上达也。老子则不然，志于明道而急于开人心，故示人以道而薄于器，以为学者惟器之知，则道隐矣，故绝仁义弃礼乐以明道。夫道不可言，可言皆其似者也。达者因似以识真，而昧者执似以陷于伪。故后世执老子之言以乱天下者有之，而学孔子者无大过。”

苏辙认为，道学讲究形而上，哲学思想运用很多，看不见、摸不着，比较难理解，所以真正能领会、觉悟的人不多。有的人甚至歪曲道学之光，急功近利，而行逆乱之事。所以一知半解，举止失措，不仅不能光大道学，反而让人觉得“道”不可信。因此真正理解道学的含义是十分重要的。

“绝学无忧”，这句话曾经被解释为少学，或者不学，明白事理就少，就不会去考虑一些烦心的事，所以就没有忧愁。因而认为“学者日益，为道者日损”，即学的东西越多，“道”的思想就越少。作为统治者，假若有这种思想，其实就是为了执行愚民政策。我觉得这种解释与道学思想的本意不相吻合。因为这章是顺上章的意思而言，是上章的进一步解释，应该是说“道”者应主动去理解社会和自然，这样才能顺应社会和自然，所以应该主动去学习道学。若是尽量少学，甚至不学，懵懵懂懂，仅仅按上面的指示去做，被动违心地去适应，则会处处不适，忧愁丛生。

所以本句应解释为只有明白了道学这些高深的思想，才能化解很多不必要的烦恼。因此“绝学”不是指“断绝道学”，而是称赞道学是绝学，即高超的学问，所以学好了道学，才会真正无忧。

第二十章

唯之与阿（ē），相去几何？善之与恶，相去若何？人之所畏，不可不畏。荒兮其未央哉！众人熙熙，如享太牢，如春登台。我独泊兮其未兆，沌沌兮如婴儿之未孩；儽（lěi）儽兮若无所归。众人皆有余，而我独若遗，我愚人之心也哉？众人昭昭，我独昏昏；众人察察，我独闷闷。惚兮其若海，恍兮其若无所止。众人皆有以，而我顽似鄙。我独异于人，而贵食（sì）母。

【提要】本章说明道学为什么是绝学，因为其本质是大道无垠，而以见素抱朴，少私寡欲为要点，因而与其他思想决然不同。

【新解】“唯之与阿，相去几何”，“唯”，唯唯诺诺，形容一种被动的心态和形态；“阿”，高声回应，形容一种主动的心态和形态；“几何”，几多，多少。本句是说人们主动适应社会与被动适应社会，二者相差有多少？

“善之与恶，相去若何”，“善”“恶”，指人性中的“天使”和“魔鬼”；“若何”，怎样。前一句的“几何”是问为什么，这句的“若何”是说怎样区别。这里不是指去判断所有的事物的善、恶，而是说不以自己的标准去评判社会的善、恶，旨在说明善与恶该如何去判断。因为只有判断清楚善恶，才能除恶扬善。

“人之所畏，不可不畏”，“畏”，不是畏惧，而是指担心。人们都在担心，而担心就会去思考。本节是说，人们所担心的事，我们也不可能不担心；人们所思考的事，我们也一定会去思考。因为上面所提出的主动、被动，善、恶，对社会、人生都是有一定影响的，所以必然会担心，也一定会给予思考。因此，只有思考清楚才能理解“道”的价值。

“荒兮其未央哉”，“荒”，指荒唐；“央”，中点。比如晚上12点是夜最深的时候，所以“央”可以解释为最中心、最深沉等。这句话的意思是荒唐得还没有达到极致吗？其属于反诘句，实际上是说，荒唐已经达到顶点了。

“众人熙熙”，“熙熙”，形容拥塞状。如司马迁说：“天下熙熙，皆为利来（趋）；天下攘攘，皆为利往。”这里是说与利益有关的时候，人们熙熙攘攘，争相上前的现象。

“如享太牢”，“太牢”，原指举行盛大宴会前，将牛、羊、猪圈养的地方，泛指丰盛的宴会。《庄子·至乐》：“具太牢以为膳。”成玄英疏：“太牢，牛羊豕也。”这句是说好像是去享受盛大的宴会一样急不可待。

“如春登台”，一般解释为春天登上赏春用的观赏台。但是根据《周礼·注疏》：“天官，治典；地官，教典；春官，礼典；夏官，政典；秋官，刑典；冬官，事典”，那么也可以理解为春官登上了典礼台，国家举行盛大的仪式，民众心情紧张、敬仰崇拜的样子。这句是说民众对权力的崇拜心。

以上两句，是从生理需求和心理需求两个方面，说明让物质享受和追名逐利成为民众的追求是多么荒唐。进一步说明“道”是高于一切的，犹如孔子所说的“朝闻道，夕死可矣”。

“我独泊兮其未兆，沌沌兮如婴儿之未孩”，“独泊”，独，唯独，坚守；泊，淡泊；“未兆”，没有征兆，没有变化；“沌”，不清；“未孩”，没有长大。本句的意思是坚守淡泊的心态不变，就好像长大成人前的婴儿那样单纯。

“儽儽兮若无所归”，“儽儽”颓然失意的样子，表示孤独感。本句的意思是好像有无家可归的那种孤独感。说明得道时会有看淡名利、虚怀若谷的空虚感。

“众人皆有余，而我独若遗，我愚人之心也哉”，众人都是那么豪情万丈去追求名利，而唯独我像掉队了一样平静而淡泊，难道我如愚昧之人般不通事理？

“众人昭昭，我独昏昏；众人察察，我独闷闷”，“众人”，指普通百姓而言；“察”，明察秋毫；“闷”，闭塞不痛。本句的意思是这世上真是混沌不清啊，那些普通人都明明白白，而我却想不通；那些普通百姓都能察觉的道理，我却理解不了。这也是反诘句，实际上是说，普通百姓可能一时还弄不清楚“道”的真谛。

“惚兮其若海，恍兮若无所止”，意思是感觉像大海一样那么宽广，像波浪的浪花一样永无休止。

“众人皆有以，而我顽似鄙。我独异于人，而贵食母”，“以”是用、把、拿的意思，与林则徐诗“苟利国家生死以，岂因祸福避趋之”中的“以”相同；“鄙”，浅显；“母”，母亲，生我养我之人，这里指道学。本句的意思是众人皆拿名利富贵当回事，而唯独我坚持“道”的浅显道理。这是因为我与众人不一样，我看重对道学的回归。

第二十一章

孔德之容，惟道是从。道之为物，惟恍惟惚。惚兮恍兮，其中有象；恍兮惚兮，其中有物。窈（yǎo）兮冥兮，其中有精；其精甚真，其中有信。自古及今，其名不去，以阅众甫。吾何以知众甫之然哉？以此。

【提要】本章说明了“德”与“道”的内涵以及二者之间的关系，强调了道学对认识和判断事物真伪的重要性。

【新解】大德所包含的内容，是顺从“道”的精神。“道”比较抽象，看起来好像云山雾绕；“德”就是其中的具象，是有具体内容的。虽然有时看不明白，但其精华部分，是可以感知的，是有据可查的。自古至今众多事实都可以查阅。我怎么能知道这些内容呢，就是从查阅中得知的。

“道”是指自然、社会的发展规律。“道”是一种哲学性概括，所以比较抽象，其看不见、摸不着。如中医所说：“阴阳者，数之可十，推之可百，数之可千，推之可万，万之大不可胜数，然其要一也。”这里所说的“一”，就是指“道”。而“德”是依据“道”而来的。“孔”，指有力、通达，所以“孔德”是指“德”的性质和特点。

“道”就好像人生一样，必然有从生到死的规律，这是不可改变的。“德”是指自然规律发展中的阶段。人的一生有婴儿、幼儿、童年、少年、青年、壮年、老年的不同阶段。人的一生就是“道”，而人生的各个成长阶段就是“德”。所以“德”是有自己的特点和规律的，但“德”又必须根据“道”的规律。若按照急性病的规律来说，中医认为是七日规律，也就是经过7天急性病就应该有所转归，若7天不能转归，则说明病情没有得到控制，就会进一步发展。急性病发展规律就有如“道”，而七日发展中每一天的变化就是“德”；“德”将“道”分成七步，而每一步也是有一定规律的。可见“德”是依从于“道”，同时又用来解析“道”的。所以本章说“孔德之容，惟道是从”就是这个意思。

“道”是事物发展规律，而“德”是发展规律中的每一个阶段或细节。

阶段性成果或细节是看得见、摸得着的，所以这里说“道……其中有象”。所谓“象”就是指“德”。特定的区域、阶段比总的发展规律要具体一些，就有了一定的形象。比如天地分成东、南、西、北四个方向，就有了具体的内容，就是“其中有形”，于是让人有了目标。一旦有了“象”，那么从“象”中就能感悟出具体的“物”来。如太阳从东方升起，从西方落下；南风多出现在夏天，北风多出现在冬天等，所以称“其中有物”。

“窈兮冥兮，其中有精；其精甚真，其中有信”，“道”由于比较抽象，所以很深奥，就好像我们有很多看不见的东西一样，但其中的精粹内涵是完全可以相信的。不能说看不见的或感知不到的东西就是不存在的，因为我们的感知也分自觉的感知和不自觉的感知。我们五官、皮肤所能感知的，当然是现实中存在的事物，这些就是自觉感知。而我们还有很多自觉感知不到的事物，如宇宙间的各种射线、无线电波等，也是客观存在的；还有人体经络，长期修炼气功的人就能感知其存在，而没有修炼过气功的人则感知不到。所以很多客观的事物虽然感知不到，仍然是存在、可信的。自古至今，很多事物，有的有名称，有的没有名称，或没有来得及命名，如何知道它们的真伪？最好的方法，就是尊道从德，就可以对它们进行正确判断。

第二十二章

曲则全，枉则直，洼则盈，敝则新，少则得，多则惑。是以圣人抱一，为天下式。不自见（xiàn）故明，不自是故彰，不自伐故有功，不自矜故长（cháng）。夫唯不争，故天下莫能与之争。古之所谓曲则全者，岂虚言哉！诚全而归之。

【提要】本章从另外一个角度强调了道学中“上善若水”的道理。

【新解】《道德经》第八章提出“上善若水”，指出什么是“善”，为什么要“善”。本章接着说“善”具有很强的能量，任何强行所为，都不能改变它，如“夫唯不争，故天下莫能与之争”。凡是一切被扭曲、剥夺的，随着时间的推移，外部压力必将解除，事物就会恢复原本的面貌。

“曲则全，枉则直”，“曲”“枉”都是一种弯曲，“曲”指曲折，这里所指是被迫弯曲；“枉”指被压弯。但这里的“全”“直”不是委曲求全的意思，而是对曲、枉的一种主动矫正，与“挠曲枉直”的意思相同。汉代桓宽

《盐铁论·大论》:“俗非唐虞之时，而世非许由之民，而欲废法以治，是犹不用隐栝斧斤欲挠曲枉直也。”桓宽说的是需要用矫正工具，比如以政策条文等去挠曲枉直。而道学说的是被弯曲的东西，假以时日，当外力解除时，可以自己恢复正常。那么道学所说的这个工具，就是自然的力量。

“洼则盈，敝则新，少则得，多则惑”，这里所说的“洼”“敝”“少”“多”都是指外力造成的结果。“盈”是指满，填满，不是指外溢；“敝”指破旧、过时；“惑”指困惑，百思不解，引申为思想混乱。本句说：人为的洼地，终将会自行填满；过时的东西终将会成为宝物；被剥夺的东西，将会重新回归；去强行占有的，将会使自己失去正确思维。任何事物最后都会返璞归真，犹如《红楼梦》中所说一样：

为官的，家业凋零；富贵的，金银散尽；

有恩的，死里逃生；无情的，分明报应。

欠命的，命已还；欠泪的，泪已尽。

冤冤相报实非轻，分离聚合皆前定。

欲知命短问前生，老来富贵也真侥幸。

看破的，遁入空门；痴迷的，枉送了性命。

好一似食尽鸟投林，落了片白茫茫大地真干净！

这就是本章所说“诚全而归之”的意思。

“是以圣人抱一，为天下式”，“抱一”中的“一”即“道”。如《素问·阴阳离合论篇》所说：“阴阳者，数之可十，推之可百，数之可千，推之可万,万之大不可胜数，然其要一也。”这里的“一”就是指“道”。这句话的意思是因为以上原因，所以圣人始终以“道”为准则去处理天下所发生的任何事情。一般练气功或打太极拳的时候多有“抱一”的姿态。“抱一”有阴阳相合的意思。所以说“抱一”的阴阳相合，应成为天下所有事物的一种正常模式。

“不自见故明，不自是故彰，不自伐故有功，不自矜故长”，不要自己随心所欲，自我表现，就是明白人；不自以为是地去处理事物，就是聪明人；不自大自夸，言过其实，就是做了好事；不妄自尊大，就是优点。总之就是不要故弄玄虚，不要贪天之功，而要尊道重德，才会使事物恢复到原本的面目。所以后文说，一切钩心斗角、争强好胜、非法获取，最终都将争而不得，空手而归，而只有“道”是万古不息的真理。可见古人说的这些话不是虚假的，希望大家能接受它的思想指导。

第二十三章

希言自然。飘风不终期，骤雨不终日。孰为此者？天地。天地尚不能久，而况于人乎？故从事于道者，道者同于道，德者同于德，失者同于失。同于道者，道亦乐得之；同于德者，德亦乐得之；同于失者，失亦乐得之。信不足，焉有不信。

【提要】本章说明为什么要“希言自然”。并指出从事“道”的人有三种表现，即“道”者、“德”者、“无”者。

【新解】“希言自然”中的“希”，苏辙则解为“言出于自然，则简而中”，有希望、希冀的意思，就是希望顺其自然、依据自然而发。从后文来看，苏辙的解释较为合“道”。

这里说希望我们所说的内容与自然规律是一致的。因为自然也是在遵循一定的规律不断地变化，如“飘风不终期，骤雨不终日”，就是很自然的一种现象。可见天地、自然是一体的。天地自然尚且变化无穷，难道人能没有变化吗？

虽然从道的人很多，但也是良莠不齐。一般来说，其可以分成三种，分别是“道者同于道”“德者同于德”“失者同于失”。

第一种人，“道者同于道”，是对道学研究很深的人，完全领略“道”的精神。“道者同于道”中的“同”，不仅仅指认同，而是同化，也就是与“道”融为一体。后文的几个“同”也是同样的意思。这些人从“道”中悟出真理，施行于社会，取得满意的成果，所以自已能乐在其中，而“道”也能发扬光大。

第二种人，“德者同于德”，是对自然规律不够了解，但对于具体的阶段性表现较为明白。也就是对“德”较为了解，所以他们的作为不会有意违反自然规律，虽然他们不一定有很长远的规划，但是在具体执行中仍然能取得不错的成绩。这类人由于遵从了“德”，“德”的能量得到了发挥，所以并没有完全失去道学的精神，心理上也能有一种自我满足感。

第三种人，“失者同于失”，则是仅仅掌握了“道”“德”的理论，而没有去实际操作，也没有实践能力。虽然他们口头上说的是“道”“德”，但实际上却没有遵从“道”“德”的精神，所以说他们是“失者”。他们虽然没有能取得任何有效成果，但总是夸夸其谈、执迷不悟、自我满足，并乐此不疲。

可见都是学习道学，有得“道”之人，有对“道”了解不足的人，也有并不真正了解“道”“德”的人。

第二十四章

企者不立，跨者不行。自视者不明，自是者不彰，自伐者无功，自矜者不长（cháng）。其在道也，曰余食赘（zhuì）行。物或恶（wù）之，故有道者不处（chǔ）。

【提要】本章再一次强调了顺其自然是道学的主要精神。

【新解】“企者不立，跨者不行”，“企”指踮起脚跟来；“跨”指跨越、跳跃。本句说，想抬高自己的身价，仅仅靠踮起脚跟来是达不到目的的；想快速到达目的地，靠原地跳跃是不行的。说明这些想法和做法，与事物发展规律相违背，结果只能是原地踏步，达不到目的。

“自视者不明，自是者不彰，自伐者无功，自矜者不长”，是对“企者不立，跨者不行”的一种解说，指出自作聪明是不明智的，自以为是是不聪明的，自我夸奖不能取得预期效果，妄自尊大不是优点。《道德经》二十二章有“不自见故明，不自是故彰，不自伐故有功，不自矜故长”，二者是用不同的语句说同一件事。具体解释可见该章。在经典著作中出现这样重复的句子，应该是比较少见的，可能是因为作者对此看法很重视。

第二十二章是说一切的人为变化，最终都会回归于事物原本的面目。而这里所说的是，不按事物发展规律而强行去做改变，最后将证明是不明智的，也是达不到目的的。

所以本章认为，“道”以顺其自然为特点，为达到目的而不择手段，其结果将会事与愿违。例如想身体强壮，就暴饮暴食，结果全身长满赘肉，反而影响了身体健康。这样处理事物，虽然能有一些看得见的成果，但社会和百姓并没有得到好处，甚至使人厌恶，所以得道之人不屑于此。

第二十五章

有物混（hùn）成，先天地生。寂兮寥兮，独立而不改，周行

而不殆，可以为天地母。吾不知其名，故强字之曰道。强（qiǎng）为之名曰大，大曰逝，逝曰远，远曰反。故道大，天大，地大，王亦大。域中有四大，而王居其一焉。王法地，地法天，天法道，道法自然。

【提要】本章说"道"来自自然，是自然规律的总结，所以探讨宇宙间的一切事物都要以此为基准。

【新解】"有物混成，先天地生"，"混"指混混沌沌，就是还没有任何生命现象的时候，也就是"太极"状态。而天地分为阴阳，就表示开始有了生命现象，即"太极生两仪"，说明这是事物发展最初始的规律。所以后文说，当宇宙还没有生命现象的时候，一切都属于静止状态，各个部分都独立而不相干，因此没有任何变化。但随着时间的推移，就会静极思动，互相产生碰撞，在不断运动中开始出现阴阳，接着"两仪生四象，四象生八卦，八卦生万物"，从孕育着生命现象到出现生命实体。所以最初时虽然还是混沌状态，它却是生命的起源，可以称这种状态为万物之母。生命开始时，还没有被认识、命名，所以强称之为"道"。由于它无所不包，所以开始的时候，可以用一个"大"字给予概括。从这段文字的表达上可以看出，"道"就是自然界从无到有的变化过程，是自然变化的一种真实反映。

"大曰逝，逝曰远，远曰反"，由于"道"可以用一个"大"字来概括，"大"而无边，故称远逝。"逝"指离去，"远"指遥远，说明"道"可以无限扩展。无论多遥远的地方都在"道"的范围之内。"反"，指反哺、回馈。即回头来看，也都离不开"道"，其与"放之四海而皆准"的意思相近。

"故道大，天大，地大，王亦大。域中有四大，而王居其一焉"，"王"，"普天之下，莫非王土；率土之滨，莫非王臣"，所以称"王"为"大"。这个"王"字就包括了该国的土地和百姓。"域"，地域，这里指人们能看得见、接触得到的地方。

本句说明这四大中，"道"最上，"王"最下，而"王"不仅仅指王者，还包括他管辖的地方，主要是指百姓。有的版本"王"字为"人"字。所以后文有说"人法地"而不说"王法地"，可见也有一定的道理。因此"王"虽然处于最下，但又不能没有，"而王居其一焉"，就是"王"一定要占一席之地。因为"道"最后的归属还是为了解决百姓的问题，否则就没有什么意义了。后人说"与其坐而论道，不如起而行之"，就有这个意思。

“人法地，地法天，天法道，道法自然”，说明人生活在土地上，享受土地的给予，依靠土地而生存；土地受天的影响，依靠天的变化；而天空中的日月星辰，可见的或不可见的影响力，他们的一切变化都是有规律的。而“道”是自然规律的总结，因此尊“道”就是遵从自然规律。

第二十六章

重为轻根，静为躁君。是以君子终日行，不离其辎（zī）重，虽有荣观（guàn），燕处超然。奈何万乘（shèng）之主，而以身轻天下？轻则失根，躁则失君。

【提要】本章说万事都要有根本，对君王来说，天下就是根本。言外之意是说治理天下，应以“道”为根本。

【新解】“重为轻根，静为躁君”，本句从“轻重”“动静”二者的关系，来说明事物的根本在什么地方。

重的东西放在下面，轻的东西放在上面，这样摆放才会稳妥；只有保持安静的心态，才不致出现躁动。这就是根本和枝节的关系。若是本末倒置，就会产生危殆。中医认为“治病求其本”，也是这个道理。无论什么病，治本是关键，只有治本才能真正解决问题，使疾病获得痊愈。若仅仅是症状控制，如用降糖药使血糖保持正常，用降压药使血压保持正常，短时间内好像病情得到了控制，但从长远来看，病情还在继续隐性发展，我们看到的只是表面现象。这样，病人就容易掉以轻心，对病人或者病情都是不利的，预后自然是不好的。

“是以君子终日行，不离辎重，虽有荣观，燕处超然”，“辎重”原指载重物的车，后指后勤部门所管理的粮草等物；“荣观”，宫殿；“燕处”，指看起来像燕子一样。

本句说君子（主要指君王中的明君）终日专心致志管理国家，虽然有丰富的物质供应，有宽敞的皇宫居住，但是却对这些身外之物淡然处之，说明他们懂得孰轻孰重、轻重缓急。一些看起来很贵重、有份量的东西，并不一定是很重要的；而一些看不到的东西，似乎很轻微，却是十分重要的。言下之意就是要重视“道”对社会、百姓的影响，只有尊“道”，社会才能得到发展，百姓才能得到福祉。

“奈何万乘之主，而以身轻天下？轻则失根，躁则失君”，“万乘”，就是指骡马成群，浩浩荡荡。所以“万乘之主”就是指“君王”。这里说为什么那些前呼后拥、浩浩荡荡的君王，只重视自己，而轻视天下？说明他们不懂得“道”，他们看起来好像不可一世，实际上浮躁而不沉稳，已经失去了根本。从小的方面来说，是自己的身体受到伤害；从大的方面来说，将会失去自己的统治权，失去天下，成为亡国之君。

第二十七章

善行无辙迹，善言无瑕谪（xiá zhé），善数（shǔ）不用筹策。善闭无关，楗（jiàn）而不可开；善结无绳，约而不可解。是以圣人恒善救人，而无弃人；恒善救物，而无弃物，是谓袭明。故善人者，善人之师；不善人者，善人之资。不贵其师，不爱其资，虽智大迷，是谓要妙。

【提要】本章通过“道隐无名”的思想，强调了“道”的感染力。犹如杜甫的诗所说“好雨知时节，当春乃发生。随风潜入夜，润物细无声”，在不知不觉中产生影响、改变世界，这就是“无为而为”的精粹。

【新解】本章说：“善行无辙迹，善言无瑕谪，善数不用筹策。善闭无关，楗而不可开；善结无绳，约而不可解”；《道德经》第四十一章说：“大方无隅，大器晚成，大音希声，大象无形”。二者的基本思路是一样的。后者具体解释可参看该章，大意就是“无为”而“有所为”。“善行无辙迹”，“善行”，指善于赶车的人；“辙迹”，指好的车手在赶车的时候，一般人是看不出车辙的，因为他们会沿着上一辆车的车辙行走，只有这样赶车，才不会出现意外。“善言无瑕谪”，“善言”，指善于表达思想的人；“瑕谪”，指玉上的瑕疵。只要能善意地表达自己的想法，别人是能够接受的，只要抱有善意，就会瑕不掩瑜。“善数不用筹策”，“善数”，指善于数理的人；“筹策”，指算卦时使用的竹签。好的数理先生，在算卦的时候，不使用竹签，就能得出结果。“善闭无关”，指善于制作门禁的人，能使人感到没有机关；“楗而不可开”，指闩门用的闩条，一旦关上了，就无法打开。这里指好的木匠，在制作门禁的时候，可以使用隐性的机关，不使用门闩也可以使门打不开。

“善结无绳，约而不可开”，指善于打结的人，不需要按照固有方式，就可以使绳子结解不开。

这一段的意思是说，“道”的思想，可以不使用常规的思维方式，不使用原先的固有方法，而能得到更好的结果。这种方法，不寻常规，看似无奇，却妙在其中。在不知不觉中，在毫无为害中，顺应自然，潜移默化，影响深远。

“是以圣人恒善救人，而无弃人；恒善救物，而无弃物，是谓袭明。”“袭”，沿袭，依据以往的经验和做法；“明”，光明，指道学；“袭明”，根据道学的精神去处理事物。本句说，圣人运用道学精神去管理百姓，百姓均能安居乐业，所以没有人觉得被抛弃；用道学精神去管理社会，能变废为宝，没有被遗忘的角落。这就是运用“道”的光明所发挥的作用。

这一段说明“道”的影响无处不在，“道”的能力无比强大，只要运用好道学精神去治理国家，就能使社会得到发展，让百姓能够自由自在地生活。

中医在治疗慢性病的时候，也需要具有这种思想。慢性病需要坚持治疗，《灵枢》认为需要“倍其日”，治疗时间是患病时间的一倍，如患病一个月，治疗时间就应该是两个月，才能有明显效果（包括痊愈）。中医认为世界上没有不治之症，很多病不治，一是医生水平原因，切不中要害；二是治疗时间原因，很多患者坚持不了那么长的治疗时间。每一次的治疗只是万里长征中的一步，不一定能看出效果，似乎前途渺茫。笔者曾治疗某女中风后偏瘫，经3个月的针灸治疗，CT和核磁检查都有明显改变，住院经管医生甚至怀疑是入院检查有误；6个月后重新检查，其主管医生和不懂医的患者家属看到检查结果时，都感到不可思议。在中医治疗中，很多疑难病症只要坚持治疗都能取得显著疗效，相信很多中医医生也有类似经历。

“故善人者，善人之师；不善人者，善人之资”，这里说“道”在无形无影中引导百姓走上光明之道，能成为百姓好的老师；而那些不善于引导百姓的学说，则是强迫百姓为它做贡献。这里再一次说明道学是在不声不响中为百姓造福，使百姓在无察觉中得到利益。道学提倡无为实为有为，而其他学说往往是看起来有为其实是无为。

“不贵其师，不爱其资，虽智大迷，是谓要妙”，不看重当百姓的老师，不想着从百姓那里获取利益，看起来好像尽干一些傻事，没有智慧一样，实际上这才是“道”的精妙之处。

第二十八章

知其雄，守其雌，为天下谿。为天下谿，恒德不离，复归于婴儿。知其白，守其黑，为天下式。为天下式，恒德不忒（tè），复归于无极。知其荣，守其辱，为天下谷。为天下谷，恒德乃足，复归于朴。朴散为器，圣人用之，则为官长（cháng），故大制不割。

【提要】本章通过知雄守雌、知白守黑、知荣守辱等的解说，指出“道”是“天下谿”“天下式”“天下谷”。而“道”讲究无为，这种无为也必然要在“德”的程序规范下运行。

【新解】“知其雄，守其雌，为天下谿”，知雄守雌，近似于陆游所说“汝果欲学诗，功夫在诗外”的意思。

不要就事论事，仅仅了解事物的一个方面是不够的，还需要同时了解事物的另一面才会有正确的认识。如中医所说阴阳之间的关系是“阳在外，阴之使也；阴在内，阳之守也”，“阴生阳长，阳杀阴藏”，“阴平阳秘，精神乃治；阴阳离决，精气乃绝”。明白了阴阳的关系，才会对疾病有正确的认识，才会取得好的疗效。所以道学说“知其雄，守其雌”，了解雄性（阳）的特点，才能明白雌性（阴）与其相关之处在哪里，以此类推，就可以成为了解世界万事万物的依据。就好像我们常见的小溪一样，虽然变化无常，但水流都必定在其中流淌。

“为天下谿，常德不离，复归于婴儿”，这样的溪流，总是按照一定的流程向下流淌，有如“德”性，自然而顺畅，看起来没有什么特色，好像婴儿一样简单明了，实际上只有这样才会长久不息。

“知其白，守其黑，为天下式”，画家们常说“知黑守白”。二者的意思应该差不多。画家用墨画画，但如何留白则是一项很重要的基本功。尤其是金石篆刻对此更是看重，认为密则不可以插针，宽则可以跑马，掌握到位，宽松有致，画面或印石看起来就非常好看。知白守黑和上文所说的知雄守雌基本是一个意思，再一次强调上一句的重要性，为对称句。

“为天下式，常德不忒，复归于无极”。“无极”，宋代周敦颐《太极图说》：“无极而太极。太极动而生阳，动极而静，静而生阴……阴阳一太极也，太极本无极也”。这里说太极从无极而来，无极因为动，而出现太极。

在《道德经》中无极就是“混”，即混沌世界。无极、太极都是一种自然现象，因为动静的关系，可以互相转化。这里是说，天下所有的事情如若能按照“德”的程序运转，不出现差错，长此以往，就不会发生意外，就好像回到无极世界一样。

“知其荣，守其辱，为天下谷”，“知荣守辱”与上文说的“知雄守雌”“知白守黑”的意思相似。“天下谷”中的“谷”，就是指空旷的山谷。本句说的是，知道荣耀的重要，就能理解耻辱的难堪，知耻而后进，这样的人就能够虚怀若谷，先天下之忧而忧，后天下之乐而乐，成为天下人的楷模。

“为天下谷，常德乃足，复归于朴”，“朴”，朴素，指无极。本句与上文“为天下式，常德不忒，复归于无极”的句法一样，基本意思相同。“常德乃足”指只要遵循正常的程序就可以完全满足“道”的要求。因此可以回到“见素抱朴”的境界。上文说“天下式”，即普天之下的常规模式。这里说“天下谷”，和前面所说的“天下谿”是一个意思。本书第二十二章说“是以圣人抱一，为天下式”，所指的是“道”。即“道”像天下的溪流一样，像天下的阴阳模式一样，像普天之下的山谷那样，都是按照一定程序运转，或遵照一定的标准等。那么“天下”就是指百姓都能共同理解、共同认可的说法或地方。

“朴散为器，圣人用之，则为官长，故大制不割。”“朴散”，说明无极在不断运动中，会出现太极，发散为阴阳。至此有了一分为二的进展，再不断变化着，犹如太极生两仪，两仪生四象，四象生八卦，不断地散开。由于阴阳的相分相合，就产生了万物，出现了实实在在的东西，这些东西可以统称为“器”。“官”，官员，指管理。“长”，长物，多余的东西。圣人假若使用这些“器”，如使用已形成条文的那些方法去管理社会，并不高于他人，是多此一举的。天、地、人浑然一体，所有的变化都是有一定的规律，大的道理是一样的，互相是分割不开的，所以这里说“大制不割”。

从人的角度来说，人之所以成为万物之灵，是在千万年中逐渐与天地适应而成，是顺其自然的一种结果。若适应不了，就会被自然淘汰。天地的一切变化，包括我们看得见和看不见的、能感受和不能感受的，人体都能与之完美和谐相处。这种能力，中医称之为“人神”。人神是专指总揽人身的神，层次最高，是促使人与天地相应的神气。

人神是人与天地相应的连接口和交流器，天地之神影响人神，人神影响人身，从而使人身产生各种变化。因此人体气血既有“天温日明”“天阴日寒”的太阳特点，也有“月始生”“月郭满”“月郭空”的月亮特点。这些天人相应的能力，就是人神的表现。

人神还管理人身的其他各类神，如五脏之神、气血津液之神。人神将天地的变化传达下去，使其他的神都能与天地相适应。中医、针灸的治疗很重视“神”的相应和相随，只有人神得到调动，全身才会响应。因为有了人神，人才会成为万物之灵。而人神的产生就是人类顺从自然的结果，符合“道”的精神。这也是“大制不割”的一种表现。

第二十九章

将欲取天下而为之，吾见其弗得已。夫天下神器，非可为者也。为者败之，执者失之。凡物或行或随，或嘌或吹，或疆或挫，或培或堕。是以圣人去甚，去奢，去泰。

【提要】本章认为用“有为”的思想去治理国家，就会出现急功近利的表现，因违反事物发展的常规，所以是不可取的。

【新解】“将欲取天下而为之，吾见其弗得已。夫天下神器，非可为者也。为者败之，执者失之。”“神器”，神为无形，器为有形，指古来“道士”们用来作法的器具，厉害的有如《封神演义》中的翻天印、混元宝珠等。“神”肉眼很难看出来；“器”通过肉眼能看出来。这里泛指可见和不可见的东西，比如物质奖励可见，精神奖励则不可见。也就是说无论用什么样的方法也不可能起到有效作用。

本句说有人想采取“有为”的方法去治理天下，我觉得他们是达不到自己的预期目标的。即使他们使用了天下最厉害的法宝，使用了最严厉的管理制度和管理方法，也是不可为的。如果他们坚持这样做，一定会失败，执行下去更会失去百姓的拥护。

“凡物或行或随，或嘌或吹，或疆或挫”，“行”指主动行走；“随”指被动（跟随）行走。“嘌”，指口中不出气；“吹”，指口中出气。“疆”，指强直；“挫”指短小。

“或培或堕”，“培”，则是养护。“堕”有的文本为“隳”，“堕”“隳”都是指怠惰。那么“培”应该是和“堕”相对而言。说明一个是得到，一个是失去；一个是培养，一个是堕落。

以上的“行随”“嘌吹”“疆挫”“培堕”词语，属于一种情况下的两种不同表现，以此进行对比，说明事物有正常、异常，好坏，成败的不同。事情处理好就会有好的结果，否则就会失败。这是对上文“为者败之，执者失之”的解说。言下之意就是遵从“道”的“无为”精神，才能管理好国家，而“有为”则正相反。因此前者才能成功，而后者则容易失败。就好像“行随”“噤吹”“彊挫”“培堕”一样，看起来都是一种管理方法，实际效果则截然不同。

在医疗工作中，一般认为疾病都有一定的转归，我们的治疗是促使顺利转归，而不可能突然中止疾病发展。如大叶性肺炎病，青霉素效果很好，能达到70%以上的治愈率。我曾经使用中药处方治疗大叶性肺炎，并和青霉素治疗进行了对比。发现青霉素治疗1~2天，患者体温就能下降至正常。而中医处方治疗，体温下降呈阶梯状，例如今天服处方中药后体温能缓慢下降1~2℃，明天上午又会上升0.5~1℃，这样体温不断反复，逐渐下降，直至正常。若是从患者的症状感觉上来看，经西药治疗温度降至正常后，自我感觉仍不舒服；而在中医的治疗过程中患者感觉更好。二者虽然有这些区别，但是治疗痊愈的时间基本都是7天左右。可见医学上的治疗也是要顺从“无为而为”，无论用什么方法，都是这样。除此之外，想强行介入，做有为而为的事情，就已经不是医学行为了，其结果可知。

“是以圣人去甚，去奢，去泰”，“泰”古代常与“太”字混用，这里应该是“太”的意思，不是“和”的意思。

本句是本章的总结，意思是圣人遵从“道”的精神，无为而无不为，所以凡事讲究顺从自然，“去甚”“去奢”“去泰”，不要走极端，不去奢望超出想象的事情发生，不过分争取达不到的成果，最后就能达到“无为而为”。

第三十章

以道佐人主，不以兵强于天下，其事好（hào）还。师之所处，荆棘生焉；大军之后，必有凶年。故善战者，果而已矣，勿以取强焉。果而勿骄，果而勿矜，果而勿伐，果而勿得已居，是谓果而不强。物壮则老，是谓不道，不道早已。

【提要】本章用兵道的种种变化，说明用兵即使一时有效，但因为它不合“道”的精神，所以要适可而止，要勿强、勿骄、勿矜、勿伐、勿得已，否则会贻害无穷。

【新解】“以道佐人主，不以兵强于天下，其事好还。”“好还”，很容易返回来，也就是很快会有报复，有多行不义必自毙之类的意思。本句说，凡是遵从“道”的精神来治理国家的人，决不会炫耀武力，更不会用兵去取天下之利而为己有。因为这种耀武扬威、穷兵黩武，看起来可以威震八方，不可一世，但终会有很可怕的后果，甚至会遗祸子孙。

《孙子兵法》中也说“道”，但他说的不是道学，而是一种用兵制胜的道理。一般来说，治国用正，治兵用奇，所以他称“兵者，诡道也”。为了制胜，就不能按照常规办事，其中就难免使用违背人情、人伦，违背事实，铤而走险的方法。用兵还会有大规模的残杀，会引起天怒人怨，而遭报应。《孙子兵法》也说“故上兵伐谋，其次伐交，其次伐兵，其下攻城。攻城之法，为不得已”。所以说“不战而屈人之兵”才是最好的用兵之道。苏辙解释说：“圣人用兵，皆出不得已。非不得已而欲以强胜天下，虽或能胜，其祸必还报之。楚灵、齐愍、秦始皇、汉孝武，或以杀其身，或以祸其子孙。人之所毒，鬼之所疾，未有得免者也。”

名医徐大椿说：“古人好服食者，必有奇疾。犹之好战胜者，必有奇殃。是故兵之设也以除暴，不得已而后兴；药之设也以攻疾，亦不得已而后用。其道同也。”他还专门书写了“用药如用兵论”一文，详细对比了医生用药和将军用兵之间的关系和相同点，阐释了疾病和用药之间的关系。

“师之所处，荆棘生焉；大军之后，必有凶年。”用兵之时，情况复杂，任何战争都必然是很残酷的，必然会造成人员伤亡、城池毁坏、民不聊生、地不产物。所以这里说用兵之后会出现田园荒芜、荆棘丛生、疾病流行、饥不果腹，甚至出现易子而食的凶残之象。

“故善战者，果而已矣，勿以取强焉。”“善”指用兵之善，即不得已必须用兵的时候，也有善恶之别。恶者穷其所以，不知收敛，而善者点到而止，见好即收。这里说“勿以取强焉”，就是不要强旺霸道，竭尽所能。

“果而勿骄，果而勿矜，果而勿伐，果而勿得已居，是谓果而不强。”本句解释上句所说的“善战者，果而已矣”中的“善”“果”包含的意思。“善”“果”不仅指善于用兵，还指善于处理用兵后的结果。“矜”，本义是指矛的柄。矛在仪仗中，用于迎接贵宾。如《越绝书·外传·记地传》说“勾践乃身被赐夷之甲，带步光之剑，杖物卢之矛”去迎接孔子，其中“物卢之矛”，就是所谓的“矜”。

“果而勿骄”，指用兵行险，即使取胜，也不值得夸耀骄傲。若是骄横霸道，就会有随意用兵的冲动，其结果必然可悲。

“果而勿矜”，指用兵是不得已而为之，能即时收敛就是“善果”。在战争结束后，不要再耀武扬威，不要再亮剑拔刀、陈兵列阵以示军威，应该适可而止。

“果而勿伐”，指要及时息兵休整，不要过分征伐。因为用兵必然劳民伤财，竭尽国力的后果必然不好。

“果而勿得已居”，“居”，张松如说：“为句末助词，与乎同。见王引之《经传释词》及杨树达《词诠》”。用兵一定是在不得已的情况下，即不要随意用兵。《贞观政要·征伐》中有：“房玄龄对曰：‘且兵，凶器；战，危事。不得已而用之’”。

“是谓果而不强”，不要好强斗争，即使一时赢得了战争，但兵走险境，随时都有可能出现异常，其后果很难预料。

“物壮则老，是谓不道，不道早已。”“物壮则老”和“物极必反”意思基本一样。本句是说凡事不要过分，即使用兵取胜也一样，过则为害，是不符合“道”的精神的，会走向反面，运转不下去。用兵也一样，过分看重军事的力量，反复使用武力，其结果伤害的还是自己。

第三十一章

夫兵者不祥之器也。物或恶（wù）之，故有道者弗处（chǔ）。君子居则贵左，用兵则贵右。故兵者，非君子之器也，不祥之器也，不得已而用之。铦（kuò）庞为上，勿美也。若美之，是乐（lè）杀人也。夫乐（lè）杀人，不可以得志于天下矣。是以吉事上左，丧事上右；是以偏将军居左，上将军居右，言以丧（sāng）礼居之也。杀人众，以哀悲莅之；战胜，以丧礼处之。

【**提要**】第三十章从用兵的后果上说明它不符合道学的精神；本章从用兵的礼仪上说，它也是不符合道学的精神的。

【**新解**】“夫兵者不祥之器”，“器”，器具。本句的意思是说兵器，是不详的战器。而看重兵器，预示着不详的到来。言下之意是毫不节制地壮大武力、使用武力，是不祥之兆。它既会给他人带来灾难，也会给自己带来不幸。

“物或恶之，故有道者弗处。”“物”，所有事物。言下之意是所有的事情之中，最叫人厌恶的就是战争。所以有道之人，不以此与人交往。也就是不会动则以武力相威胁。

“君子居则贵左”，这里说的是常规礼仪。所谓“贵左”是认为左为大。中国的地理位置是在北半球，为了采光的需要，古人讲究坐北朝南。太阳从东方升起，就是从左边升起，这时阳气逐渐增多；从西方落下，就是从右边落下，这时阳气逐渐减少，阴气逐渐增多。因此左为阳，右为阴。而古人重视太阳对人的影响，故阳为大，阴为小，重阳而轻阴，尊左而轻右。所以待客时，一般都是虚左以待，以表示尊重。

“用兵则贵右”，这也是一种礼仪。在古代军队中，因为是冷兵器时代，兵士一般都右手持有武器，所以比较看重右侧。有人解释，行军的队伍一般靠右侧行进，就是因为右手持有武器，这样就可以避免互相之间的武器发生碰撞，从而引发意外。

“故兵者非君子之器，不祥之器也，不得已而用之，铦庞为上，勿美也。”“铦”，无知的样子；“庞”，庞大，宽阔。“铦庞”，有本作“恬淡”，应该二者意思差不多，形容心胸开阔。因为用兵之时必有杀戮，所以称之为不详之器，它不是尊道之人所看重的物件，只有在不得已的时候使用它。不要过分看重用兵的效果，用孙子的话说，就是“不战而屈人之兵”才是上策。从“道”的角度上看，顺应自然，恬淡虚无才是上策。即使取得了胜利，往往也是胜而不武，并不是一件值得夸耀的事情。这里强调了用兵是“不详”“勿美”，不符合道学的精神。

对于为什么是“铦庞为上”，南怀瑾先生曾经举例说：南北朝的时候，梁武帝时期有一位将领名叫陆法和，是一位出家的和尚。此人并不穿和尚的衣服，他带领部队，完全是按照管理出家人的办法。每次作战，只要他的部队参战，一定获胜。其后来帮助梁武帝平定了很多战乱。到了梁武帝儿子当皇帝的时候，他已经把长江以南的军事力量都掌握在手中了。于是梁武帝的儿子对他产生了怀疑，因为他掌握了国家的整个兵权，功高震主使皇帝听信了谗言。他在家打坐的时候听说了此事，便主动跑去面见皇帝说：“我法和是修道的人，帝释天王亦不愿为，何况是人间的虚浮富贵。我与你父亲两人，本来是当年在释迦佛前灵山会上的同参道友，因为他堕落到人间来当皇帝，我是他师兄，愿意助他一臂之力，你却反而怀疑起我来。现在我把将军的大印交还给你，我要走了。”说完，他就离开去了四川峨眉山。为什么每一次打仗，敌人一看到他的影子就害怕，没有办法与他作战呢？据说他是用神通来打仗的，也根本没有杀人，所谓兵不血刃而取胜。有人认为这是神话，不愿意写进史书，事实上却真有其人。如研究历史就会知道，在南北朝时期，真有这样的一位将领，他对一切就是如此淡泊。

这个例子虽然说的是一位和尚，而不是一位道士，但说明佛、道之间在某些认识上，如“宁静以致远，淡泊以明志”，也还是有相通之处的。

“若美之，是乐杀人也。夫乐杀人，不可以得志于天下矣。”若是把用兵看成是一件美事，那就说明这是一位以杀人取乐的人。而以杀人取乐者，虽自以为得志，一定不可能得到天下人的认同。

“吉事上左，丧事上右”，就是上面所说的正常礼仪是重视左侧，而兵凶之事则是看重右侧。

“是以偏将军居左，上将军居右，言以丧礼居之也。”“居”，居住，踞坐。这也是一种礼仪，因为上将军是主帅，偏将军是辅佐，在《礼·少仪》中曾说：“其在车，则左执辔，右受爵”，也就是左坐的是赶马的，右侧坐的是有爵位、级别比较高的。古代作战，将军们若是居于战车上，因为佩剑（或刀）挂在左侧，所以级别比较低的官员就需要坐在左侧，以免佩剑（或刀）对上级产生危害。赶马车的一般来说级别低，所以就必定要坐在左侧。这里是说正常的礼仪是看重左侧的，而兵凶之事是看重右侧的。之所以兵事与正常礼仪相反，是因为正常礼仪是盛事，而兵事是丧事的原因。

“杀人众，以哀悲莅之；战胜，以丧礼处之”，若是杀戮过重，应该以悲哀之心，为死去的人哭泣；战争取得了胜利，不要忘乎所以，也要以丧葬的礼节对待他们。因为战争和杀戮都是戕害自然的一种行为，是逆“道”而行的，所以要悲天悯人，为死难者哀悼；要以沉重的心情，处理战争的后遗症。

同样道理，若把医院当成市场，把患者数量的增长率当作成绩，那就偏离了医疗的本意，也不符合“道”的精神。

古代药店一般都有如下对联，说明了中医药尊道的内涵。

上联：但愿世间人无病；

下联：宁可架上药生尘；

横批：天下平安。

第三十二章

道恒无名。朴虽小，而天下弗敢臣。侯王若能守之，万物将自宾。天地相合，以降甘露，民莫之令，而自均焉。始制有名，名已既有，夫亦将知止。知止，所以不殆。譬道之在天下，犹川谷之于江海也。

【提要】本章说明“道”虽讲究顺其自然，但不是随波逐流，随心所欲，也是有一定的规矩和要求的。由于它从自然规律中来，所以百姓容易接受和遵守，并能从中获得利益，能乐在其中，会习惯成自然，进而使“道”得到发扬光大。

【新解】“道恒无名”，这里有两个含义：

一是从抽象的方面讲，“道”是一种自然规律，从无极到太极，从太极到多极，互相转化，变化无穷，不限定在一个范围之内，不能用常见名称给予命名，所以说它是“非常名”，就是不可能用一个具体的名称，将这些变化给予概括性的明白表达。

二是从具体的方面讲，“道”的精神是顺其自然规律，但自然界的规律也不是只有一种。如《易经》中六十四卦，就代表了六十四种自然规律，讲的就是道学的内容。每一卦虽然都有名称，但是六十四卦没有一个总的名称，只能是称之为“道”。可见分之有名，合之则无名。所以从卦的角度上说，也就是无名。“道”包含的内容非常丰富，故对“道”来说，“道”本无名。一个具体名称概括不了它，也不要奢望用一个具体名称去表达所有的自然规律。

“朴虽小，天下弗敢臣”，“朴”，与第十九章“见素抱朴”是一个意思，可以参看该章。“朴”，只是个人的处世观，所以看起来牵涉的范围不广，但它的影响力却是巨大的。天下所有的事情都得遵从它提出的法则，违反它，就不会取得成功，所以不是其他学说所能驾驭的。

“侯王若能守之，万物将自宾”，管理者假若能够遵守“道”的思想，处理国家和百姓中出现的问题，那么万事万物都会遵循自然规律发展，从而各归其位，顺畅通行。

“天地相合，以降甘露，民莫之令，而自均焉。”“甘露”，甘甜的露水。

泛指百姓获得利益。从天气来说，阳气太甚或阴气太甚，都不会有露水出现，只有在清明节和白露节之后才会有。阳气在夏至达到顶点，阳极必阴，阴气也在此时兴起。到了白露时分，阴气明显增多。清晨，阳气初生，阴气尚未退去，这时阴阳相对协调，故阳化气，阴成形，凝结成一层白白的水滴，所以就称之为白露。

由于天地相合，阴阳协调，则甘露普降，百姓不需要因法令而动，都能获得满足。也就是在社会高度发展、百姓精神状态高度自觉时，无须政府限制、分配，就能达到“各取所需”的状态。“道”家认为，通过道学的治理就能达到这样高尚的境界。

“始制有名，名已既有，夫亦将知止。知止，所以不殆。”开始管理国家的时候，都必须制定一定的制度、规矩，有具体的名称、名目，以便百姓了解和遵守。当达成共识之后，就会形成惯性，就不需要再去强调有名称的制度、规矩，这个时候就变成了百姓所需的自然，所以就不会产生危害。

“譬道之在天下，犹川谷之于江海。”就如“道”得到百姓的认可，在天下获得遵从，好像大江大河的流水很自然地回归大海。

可见“道”虽然是一种自然规律，也是讲规矩的。由于这种规矩来自自然，符合国家发展和百姓生活的要求，所以很容易被百姓所接纳，形成百姓自己的诉求。这样就能长久不衰，而不会产生危害。

第三十三章

知人者智，自知者明。胜人者有力，自胜者强。知足者富，强行者有志。不失其所者久，死而不亡者寿。

【提要】本章说明道家必须具有的三类能力，即自知、自强、自持。只有这样才能使道学得到百姓的认可，才能长久不衰。

【新解】能了解别人，才会很好地和别人相处，这才是有智慧的表现。而能真正了解自己，才能战胜自己的缺点，更好地发挥自己的优点，这种人才是真正的明白人。能够战胜别人，说明自己是有能力的，而能够战胜自己则说明自己内心是强大的。能够常常知足的人，他的内心是丰富的；而能目标坚持如一的人，说明他是有志向的。不迷失方向的人，才能意志坚定，长久不衰；人虽然去世了，但百姓还能记住他，这才是真正的长寿。

这里指出“道家”应该具有的以下三种能力：一是自知，不仅知人善任，而且有自知之明；二是自强，不仅能超越别人，而且能超越自己；三是自持，不仅能够知足者常乐，而且能长此以往，坚持不懈。道学认为，只有具有这样能力的人，才能坚守“道”的精神，不迷失方向，才能发扬光大。而更重要的是，让“道”获得百姓的认可，才能永葆青春，生命不息。

第三十四章

大道氾（fàn）兮，其可左右，万物恃之以生而弗辞。成功遂事而弗名有，衣被万物而弗为主，可名于小。万物归焉而弗知主，则恒无名也，可名于大。是以圣人之能成大也，以其不为大也，故能成大。

【提要】本章说明“道”无为而无不为，小则无影无踪，大则成就万事万物。

【新解】“大道氾兮，其可左右，万物恃之以生而弗辞。”“道”所包含的范围很广泛，能指明世界上所有事物的发展规律，以便人们依从。《易经》的六十四卦，就认为世界上的事物发展规律，可以分成六十四类。只要按照这六十四类规律办事，就能解决办事中的难题，也就可以理解事物为什么会出现这种情况。如泰卦是上为阴，下为阳，与自然界阴阳的上为阳，下为阴关系恰好相反，说明这种情况是事件（或人情）的阴阳能与天之阴阳相交流。就好像胎儿在母体中头朝下，脚朝上，以便与母亲头之阳在上，脚之阴在下的阴阳之气进行交流一样，以达到阳与阴交，阴与阳交以生万物（出现新生命）的目的。这样有利于事物（如胎儿）生长，是平安康泰的好事，所以称之为泰卦，就是比较好的卦。但是泰卦又分成六步，每一步或好或欠好，又不是一帆风顺、一步到位的，说明好的事物在发展过程中也会有顺畅和欠顺畅、有利或不利的阶段。这样就提醒我们及时理解变化，做出反应，以正确应对。

“成功遂事而弗名有，衣被万物而弗为主，可名于小”，成功以后，不归功于已，能够供养万物，这就是不去有意为之的必然结果。本句的意思就是“道”能够成就一番事业，能使国泰民安，这就是一种成功。因为这种成功是顺势而为，是“道”的力量，所以不要以此为个人的功劳。这种成功，看起来好像是有为而致，但这种有为，是无为而有为，所以本质上还是无为。

“万物归焉而弗知主，则恒无名也，可名为大。”本句是说“道”因为无欲无为，故不可见，小到无处寻觅，可以说他很小。但是万物归宗于“道”，无为而无不为，所以没有一个具体的名称，可见又是何其大也。

“以其不为大也，故能成大”，因为道学重视无为而治，所以不夸大自己的威力而自以为大。但世界万事万物都在无为中获得成功，所以都包含在“道”中。可见“道”包含着无穷大，这也是世界上所有的成功成就了它的伟大。

第三十五章

执大象，天下往；往而不害，安平泰。乐（yuè）与饵，过客止。道之出言，淡兮其无味，视之不足见（jiàn），听之不足闻，用之不足既。

【提要】本章说，“道”之大，无所不包，无所不能，只要理解了道学的真谛，就能精彩不断，其乐无穷。

【新解】“执大象，天下往；往而不害，安平泰。”掌握了“道”的精神，就能走遍天下无往而不胜。施恩于天下而不会出现危害，所以能天下太平。本句的意思是说，道学的精神，符合事物的发展规律，所以能用之四海而皆准。天下由此获得发展进步，国富民强，民众多有幸福感，所以能安享太平。

“乐与饵，过客止”，“道”就好像动人的音乐，让人流连忘返；像丰盛的食物，让人驻足不前。说明只要真正了解了“道”的精神，不仅不会感到枯燥无味，而且能流连其中，获取营养，得到享受。

“道之出言，淡兮其无味，视之不足见，听之不足闻，用之不足既。”道家说出的道理，看似平淡无奇，比较抽象，看起来不容易明白，听起来不容易清楚，但使用起来，却法力无边，概莫能外，并取之不尽，用之不竭。

中医也是这样，看似平淡无奇，却辨证论治，无所不能，认为天下没有不可治疗的疾病。其根本原因就是，中医是从人在自然的生活中，长期、逐渐摸索出来的；又经阴阳五行学说提炼，饱含哲学思想；又有数千年临床治疗的实践积累，可以不断地进行纠正。这样就能从相对真理，不断走向绝对真理。就好像“道”一样，来自自然而合于自然，是以看起来平淡无奇，说起来简单明了，听起来有如日常所闻，而用起来则无不见效，即“执大象”，“安平泰”，“乐与饵，过客止”。

第三十六章

将欲歙（xī）之，必固张之；将欲弱之，必固强之；将欲去之，必固举之；将欲夺之，必固予之，是谓微明。柔弱胜刚强。鱼不可脱于渊；国之利器，不可以示人。

【提要】本章是对上章“淡兮其无味，视之不足见，听之不足闻，用之不足既”的进一步解释。说明什么是“无为而有为”以及如何“无为而有为”。

【新解】“将欲歙之，必固张之”，“歙”，聚集，古同“翕”。《伤寒论》中有“啬啬恶寒，淅淅恶风，翕翕发热”，是表示发热恶寒的程度不重。这里以鸟为例，说明要展翅高飞之前，必须将翅膀往回收拢，再展翅时，力量就会比较大。那么看起来是收起翅膀，好像无所作为一样，但正是这样才能蓄积力量，才能取得飞翔的力量。就好像“道”一样，看似无为，实际上是无为才能有为。

“将欲弱之，必固强之”这句的意思与上一句相似，就是敢于示弱，才是真正的强大。从“道”的角度上说，“无为”的表现，会让人觉得什么事也不干，好像是没有什么能力一样，好像是弱者一样。但正因为“无为而有为”，才显现出强大的生命力。中国古话中哀兵必胜，以退为进等就含有这个意思。

“将欲去之，必固举之”，如若想废弃他，就需要先称赞他，这样他才能迷失所以，做出违规的举动。这在生活中屡见不鲜，“上帝欲其灭亡，必先让其疯狂”就含有这个意思。从“道”的角度上说，就是不要自我欣赏、自我膨胀，只有隐忍不发，耐心修炼，才是长久之计。

“将欲夺之，必固予之”，如果想夺取它，一定要先给予他。说明要想真正得到某样东西，就要像与人进行交换一样，对方才会心甘情愿，才会顺利完成。如若仅仅靠强制或欺骗就会有后遗症，给以后的日子带来数不尽的麻烦。

本章苏辙解释说：“未尝与之而遽夺，则势有所不极，理有所不足。势不极则取之难，理不足则物不服，然此几于用智也，与管仲、孙武何异？圣人之与世俗，其迹固有相似者也。圣人乘理，而世俗用智，乘理如医药巧于应病，用智如商贾巧于射利。”

“是谓微明”，“微”是精妙的意思。本句说只有按照以上所说的方法去做，才是精妙、聪明的。

“柔弱胜刚强”，是对以上说法的总结。“道”因为无为，所以看起来并不强大，甚至让人感到有点怯弱。实际上“道”顺应了自然发展规律，排除了一切不必要的干扰，所以能以弱胜强，取得成功。

“鱼不可脱于渊；国之利器，不可以示人”，有如鱼儿离不开水，国家所具有的制胜法宝不必向他人炫耀。

“道”是治国的法宝，一般人以为它主张“无为”，以为是软弱无力、无所事事，不会去仔细研究。而道家也没有必要去有意宣扬，非让人接受不可。应该让“道”的精神自由自在地发挥其优势。只要“道”不脱离国家，不离开百姓，就能为国立碑，为民造福，长盛不衰。如苏辙所说：“圣人惟处于柔弱而不厌，故终能服天下，此岂与众人共之者哉？”

第三十七章

道常无为而无不为，侯王若能守之，万物将自化。化而欲作，吾将镇之以无名之朴。镇之以无名之朴，夫将不欲。不欲以静，天下将自定。

【提要】本章对“道”的精神实质作了归纳：①“道”的特长是无为而无不为；②运用“道”管理国家，就能使国泰民安，国富民强，天下无敌。

【新解】“道常无为而无不为，侯王若能守之，万物将自化。”“道”的表现是无为而无不为，看起来好像什么事都没有做，但是却能让所有的事情得到顺利发展。管理国家者，若能遵守“道”的精神，所有的事情将会自然化育，所有的烦恼将会自然消除。这也说明无为而无不为其实质是“无为而为”。

“化而欲作，吾将镇之以无名之朴。”“无名”，《道德经》说“无名天地之始”。天地还在混沌之中，这时“道”就已经开始发挥作用了，因此才有从无极到太极，从无名到有名的变化。《道德经》还说“道常无名”“道隐无名”，也包含了这个意思。本句说事物由于在不断变化之中，各类人情世故层出不穷；在自由的发展中，也会有一些变故，出现一些化外之事。这时就要再一次明确使用“道”的精神对其进行教化，使其重新回到正确的轨道上来。

“镇之以无名之朴，夫将不欲。”在世界还是混沌无名的时候，“道”的影响就已经开始出现了，就应该是无欲而顺应自然的时候。所以“道”的内涵是“见素抱朴”，其要点就是“无欲”，内容包括“志闲而少欲，心安而不惧，形劳而不倦，气从以顺，各从其欲，皆得所愿。故美其食，任其服，乐其俗，高下不相慕，其民故曰朴”。

“不欲以静，天下将自定。”由于“抱朴”“无欲”，所以民心纯朴，行动稳妥，不互相攀比，不急躁冒进，因而国家长治久安。

小结

《道德经》分道学和德学两个层面。其中道学强调“无为”，要点是无为而无不为，实质是“无为而为”。“无为”不是“不为”，讲的是顺势而为，不是勉强而为。

勉强而为违反了事物发展的规律。对此《道德经》说了两点：①第二十四章说：“企者不立，跨者不行。自见者不明，自是者不彰，自伐者无功，自矜者不长。”说明假若自以为是的话，除了白费功夫，达不到任何目的。②第二十二章说：“曲则全，枉则直，洼则盈，敝则新，少则得，多则惑。”说明即使我们强制性地造成某种状态，也是不能长久的。随着时间的推移，自然还会恢复为原本应该有的面貌。

“无为”讲究的是“无不为”，说到底还是“有为”。这种“有为”由于和“无为”联系在一起，是“无为”的延伸，所以不是勉强而为。

从“无为”到“有为”需要一个从静到动的过程。如三十六章所说“将欲歙之，必固张之；将欲弱之，必固强之；将欲废之，必固兴之；将欲夺之，必固与之，是谓微明”。不要一开始就高声吵闹，强调政绩，动作不停。而应安静观察、深思熟虑，抱着“如临深渊，如履薄冰”的心态，以看准时机，静中求动。所以顺势而为不是随波逐流，而是强调时机、把握时机，一旦抓住时机，立即“而为”。其是“三年不鸣，不鸣则已，一鸣惊人；三年不飞，不飞则已，一飞冲天”。

《内经》要求医生给患者针灸前“如临深渊，手如握虎，神无营于众物”，并解释为“如临深渊者，不敢惰也。手如握虎者，欲其壮也。神无营于众物者，静志观病患，无左右视也”。这种下针前的静，就是为了更准确地把握住“人神”的起落变化，以便及时准确行动，从而使下针有神，以取得好的疗效。“静如处子，动如脱兔”，不是不动，而是讲究静中求动。

因为“道”讲究顺势，所以看起来没有什么定势，好像很随意，容易被人所忽视。如“好风凭借力，送我上青云”，只是借力飘忽，随意而行，似乎毫无规范，不入法眼。但道学中所讲的顺势，不是无所事事，随意而为，而是很讲究按规矩而为。这种规矩不是硬性的条文，明确的指示，一定的要求，而是随时根据形势的变化而变化。这种规矩包含：①摸索自然的客观规律，不以自己的意志为准；②制定规矩，依据摸索出的自然规律来制定规矩。如第三十二章所说“始制有名”；③适应规矩，当有了一个执行过程后，人们从被动遵守规矩到形成自己的自觉行为，使规矩从有形变成无形，这样才不会有害。“名已既有，夫亦将知止。知止，所以不殆。”

《道德经》还强调了道家的自我修养，并提出了一定的要求：①必须具备的七种品质，即远虑、给予、宽容、热情、虚心、豁达、交融；②必须具有的三种能力，即自知、自强、自持。

第一章至第三十七章，主要讲的是“道”，而从第三十八章开始，主要讲的是“德”。在前面讲“道”的篇章中对“德”已经有了初步解释。“道”“德”都是一种自然规律。“道”讲的是自然界总体的自然规律，而“德”讲的是自然规律的发展程序。如《易经》总的来说是讲自然规律，可以说就是“道”经的一种体现；而其中的六十四卦就好像“德”一样，是自然规律发展的具体路径。《易经》中八八六十四卦，每一卦都代表一种自然规律。每一卦的规律，就好像“德”的一种发展程序一样，在《易经》的“道”就有六十四种“德”的程序。所以我们不要以为“道”就是一条路、一种自然规律。自然规律在不同的时间、环境下，有不同的特点和表现，所以自然规律也是有很多种类的。就好像条条大路通长安一样，都是可行之路，只是路径不同而已；就好像各种“德”的程序路径一样，只要遵循他们，最终都能达到目的。

《易经》中的每一卦都可分成六爻，即六步，也就是每一程序都有六个阶段才能到达终点。这六步都是“德”，其中可能有好和不好、顺利和不顺利的情况。虽然不一定一帆风顺，但最后都能到达相应的目的地。

可见“德”既是自然规律的一种，又可分解为若干步，每一步都是“德”的组成部分。因此说“道”是总原则，“德”是其中某一规律的演变程序。

第三十八章

上德不德，是以有德；下德不失德，是以无德。上德无为而无以为；下德无为而有以为。上仁为之而无以为；上义为之而有以为。上礼为之而莫之应，则攘（rǎng）臂而扔之。故失道而后德，失德而后仁，失仁而后义，失义而后礼。夫礼者，忠信之薄（bó）而乱之首。前识者，道之华而愚之始也。是以大丈夫处其厚，不居其薄（bó）；处其实，不居其华。故去彼取此。

【提要】本章告诉我们，“德”有上下之分，我们不仅要尊“道”，还要择“德”。

【新解】“上德不德，是以有德；下德不失德，是以无德。”“德”是自然规律发展中的程序，是“道”的具体表现形式。正如王弼所说：“德者，得也。常得而无丧，利而无害，故以德为名焉。何以得德？由乎道也”。说明德就是能够得到的，是看得见、摸得着、实实在在的部分。

“德”又分“上德”“下德”。“上德”是最有利的程序，能使我们最快捷、方便地到达目的地，所以说是“有德”，即得到了“德”。为什么又说“上德不德”？这是和“下德不失德”相对而说的。上德是顺应而来，好像没有受过指导一样无意为之，这是真正的“德”；而下德看起来还在“德”程序中，好像也没有离开“德”，但实际上，没有完全顺应自然，也没有得到“德”的真谛。因为上德融入了“道”的精神，和“道”完全吻合，所以看不出来有什么特别。而“下德”是选择了不便的程序，在“道”内外绕来绕去，看起来好像在追求“德”，实际上没有完全符合“道”的精神，最终虽然也可能到达了目的地，但却容易错过时机，所以和“无德”一样，发挥不了重要作用。

“上德无为而无以为，下德无为而有以为”，这里要注意的是，说“道”的时候，是“道常无为而无不为”；而说“德”的时候，是“无为而无以为”“无为而有以为”。

“道”是“无为”，其中“上德”遵从了“道”，所以是“无为”；“下德”不完全符合“道”，所以是“为之”，即“有为”。上德“无以为”，是不需要再去做什么，不需要另想办法，只要遵从就行；下德“有以为”，就是还要另想办法去寻找、去作为。

“德”虽然都是“道”的组成部分，但也有进行最佳选择的必要。就好像《易经》中的六十四卦，其中也有好坏之分。做任何一件事情，都有很多方法可以选择，也都可以到达终点，但只有选择了最好的方法，才是最有利的。所以要重视“上德”和“下德”的区别，选择“上德”而不要选择“下德”。

人们常说的“德不配位”，应该包括：①道德品质不高的人占据了高位，其所作所想离开了实际情况，结果是达不到目的，或是返回原点，甚至比原点还低。《朱子治家格言》说：“伦常乖舛，立见消亡；德不配位，必有灾殃”就是这个意思。②从道学的认识上讲，就是选错了德程序，或者没有依据自己的情况正确选择德程序。如应该选择泰卦，结果选择了否卦。看起来是在德的范围之内，甚至某个时期还有些进步和收获。但是因使用的是不适合的程序，迟早会出现较大偏差，与预期效果相距太远，结果就是矛盾突出，危机四起，根本无法执行，或者缺乏实际效果，只有黯然收场，这种情况就属于“下德不失德”。

若不走德程序，不按实际情况办事，随心所欲、眼高手低、自以为是者，即使勤勤恳恳，也只可能是事倍功半，甚至好心办坏事。一般都是像《红楼梦》中的晴雯那样“心比天高，命比纸薄”，结果都会大失所望，这种情况就属于“失德”。

若是“无德”，就会出现古人所说的因果报应。如陈毅先生曾说的：善有善报，恶有恶报，不是不报，时候未到，时候一到，一定全报。

又如《红楼梦》中“聪明累”所说：

机关算尽太聪明，反算了卿卿性命。

生前心已碎，死后性空灵。

家富人宁，终有个家亡人散各奔腾。

枉费了，意悬悬半世心。

好一似，荡悠悠三更梦。

忽喇喇似大厦倾；昏惨惨似灯将尽。

呀！一场欢喜忽悲辛。

叹人世，终难定！

医疗就是一种“积德”行为。中医治病讲究同病异治，异病同治，也就是在“积德”的过程中选择不同的方法对疾病进行治疗，即选择不同的“德”程序。比如发热，西医认为多为感染，一般直接使用抗生素。而中医对于外邪，除了抗感染之外，还有扶正祛邪、改变内环境以抗邪、调整内在脏腑关系以祛邪等多种方法。这些方法充分展现了中医的长处，疗效显著。中医还可以根据患者当时的不同症状表现，辨证施治。可见，同样是“积德”，中医选择“德”的路径有很多种，针对性就更强。

“上仁为之而无以为；上义为之而有以为。上礼为之而莫之应，则攘臂而扔之。”儒学讲仁、义、礼、智、信，是对别人的给予和要求，以此来维系社会和国家。《道德经》只讲仁，说的是一视同仁，有平等互惠的意思，以此来顺应自然。“上仁”是指最好的仁，《道德经》中所认可的仁。“上仁”符合“道”的精神，所以虽然是“为之”，但实质是“无以为”，也就是无为而无不为。“上义”，儒学中“义”以尊贤为核心，所以道家认为是“有以为”，就是有意为之。因为其中尚有尊重别人的意思，所以这种“有为”，虽不合“道”，但道家并不反对。而礼，哪怕是“上礼”，也就是上等礼节，道家不仅认为是“有为”，即故意为之，而且认为礼的任何做派都不与自然规律相合，完全是人为的东西，所以最好是甩手将它扔掉。

“故失道而后德，失德而后仁，失仁而后义，失义而后礼。”说明“道”是第一位的，而后才是“德”“仁”“义”“礼”，重要性依次递减，能量依次减弱。

“夫礼者，忠信之薄而乱之首”，说明“礼”是“忠”“信”之首，是对仁和义的具体规定。只有确定了君君臣臣等一系列关系，才有忠于谁，对谁讲信用之说。这些都是人为的东西，很容易引起动乱，所以也是动乱之首。《史记·陈涉世家》：“王侯将相宁有种乎！”越是讲“礼”，就会物极必反，就越是容易引起臣弑君，子弑父等一系列乱伦的行为。“梦里依稀慈母泪，城头变幻大王旗”，所以鲁迅说一部封建历史，就是一部吃人的历史。

“前识者，道之华而愚之始”，“前识”，王弼解释为“前识者，前人而识也”，就是前人的认识、看法。但从本句用意来看，似乎不恰当。因为这句话可以说是本章的结束语，应该是指本章前面所论述的内容。而“道”之华，是指将“道”演绎得很华丽，将“道”的精神讲得很透彻。“愚之始”中的“愚”是自我谦虚的说法，也就是说以上这些解释，都是“在下”所要表达的最基础的内容。

“是以大丈夫处其厚，不居其薄；处其实，不居其华。故去彼取此。”“厚”指“朴”，即“道”；“薄”指非道，如仁义等。“此”指“上德”，“彼”指“下德”。若从学说的角度来说，“此”可以指《道德经》，而彼可以指其他学说。这句话的意思是大丈夫要遵从“道”的精神而不要在其他方面花费心思。而在尊“道”之时，不要理论脱离实际，要注意选择“上德”，不要选择“下德”。

第三十九章

昔之得一者，天得一以清，地得一以宁，神得一以灵，谷得一以盈，万物得一以生，侯王得一以为天下正。其致之也。谓天无以清将恐裂；谓地无以宁将恐发（fèi）；谓神无以灵将恐歇，谓谷无以盈将恐竭；谓万物无以生将恐灭，谓侯王无以为正将恐蹶（jué）。故贵必以贱为本，高必以下为基。是以侯王自谓孤、寡、不谷，是其以贱为本也（yé）？非欤？故数（shǔ）致舆（yú）无舆。故不欲琭（lù）琭若玉，珞（luò）珞若石。

【提要】本章说“道”具有辩证思想，似乎很抽象，但落实在具体事物上就是可见、可识的。由于它是万事万物变化的依据，所以“道”是客观存在的，应该发扬光大。

【新解】“昔之得一者，天得一以清，地得一以宁，神得一以灵，谷得一以盈，万物得一以生，侯王得一以为天下正。其致之也。”“昔”，不仅指过去，还指一直以来，从来如此。“一”，即太乙，也就是“道常无名”之时。“清”，即常说的清气上升，浊气下降，二气中分之时。一分为二，即太极生两仪，阴阳出现之时。“宁”，宁静，指不会出现大的自然灾害。“神”，指“人神”；“灵”，指仁与天地相应。“谷”，谷物；“盈”，充盈，丰收。“正”，指端正，犹如当今所说的全心全意为人民服务。“致之”到达极致处，最高点。

本句说，古往今来得道的表现是太极生两仪，从此天得以清明，地得以丰宁，人得以天人相应，谷物得以收成，万物得以生长，侯王能够全心全意为百姓，而且都能做到尽量满意。用此说明尊道的好处。

“谓天无以清将恐裂，谓地无以宁将恐发，谓神无以灵将恐歇，谓谷无以盈将恐竭，谓万物无以生将恐灭，谓侯王无以谓正将恐蹶。”“裂”，决裂，指阴阳决裂。中医说“阴阳离决，精气乃绝”，此说天将决裂，也就是说天将重新变成混沌，返回到太极状态。“发”，废除，这里指生长力、地力受损害。“歇”，停止运转。“蹶”，挫折，失去。

本句论不尊道的后果。若天不尊道，天气将会重新回到混沌状态，出现阴阳离决的状态；地将没有地力，而不适宜耕种；人将失去灵魂，而如行尸走肉；谷物将无法收获，而不能供养万物；万物将不能生长，将会灭绝；帝王将相将失去高贵的地位，从此一蹶不起。

“故贵必以贱为本，高必以下为基”，很贵重的东西，也是从最基本、最常见的物质演变而来；很高贵的人物，也是从一介平民而来；很高的建筑，也首先需要打地基；最高的领袖，也是需要民众支持的。所以“道”看起来平平凡凡，毫不起眼，但只要坚持运用“道”的精神，就会产生出很大的变化，世界从此就会很精彩。

“是以侯王自谓孤、寡、不谷，是其以贱为本也？非欤？”“孤、寡、不谷”为当时王侯的谦称。王侯使用这类谦称，一般来说就是告诉别人，自己虽然高居在上，但仍然是孤单的。周公吐哺，目的是为了达到天下归心。若是尊道者，就是表示自己渺小，不妄自尊大，是真正的自谦。这句话告诉我们，即使是王侯也知道自谦，故自称孤、寡、不谷。可见自谦是多么重要。

“故数致舆无舆”，这里的意思和“白马非马”的含义十分接近。苏辙解释说：“轮、辐、盖、轸、衡、轭、毂、辖会而为车，物物可数，而车不可数，然后知无有之为车，所谓无之以为用者也。”仅就车的装备来说，就有轮（轮子）、辐（连接轴与轮子的木杆）、盖（车的顶棚）、轸（前端）、横（横梁）、轭（车轿前马牛肩上扛的架子，如牛鞅）、毂（以和辐连接的车轮上的孔）、辖（车轴头）等。虽然它们都是车上的配件，但是分开来看它们都不能称作车。“数致舆无舆”，数车上的配件，却忘了车这个本体。这里是总结前句所说的天、地、神、谷、万物、侯王。这些不同称谓，看起来各不相同，但都是在“道”的指导下才会有新的生命。若是仅单独讨论以上那些事物，“道”就被抽象了，就会忘记“道”的存在。只有记住了“道”的精神，才不至于出现“数舆无舆”的情况。

“故不欲琭琭若玉，珞珞若石。”河上公注《老子》：“琭琭喻少，落落喻多，玉少故见贵，石多故见贱，言不欲如玉为人所贵，如石为人所贱，当处其中也”。琭琭，有光泽的样子；珞珞，不明亮的样子。

这句话是本章的一个小结，是说既不要让人一眼就能看出来，也不要让人感受不到。言外之意是说“道”的精神应该发扬光大，它既不像玉佩一样光耀夺目，能令人过目不忘；也不可能像灰暗的石头一样平平淡淡，让人熟视无睹。只要我们坚持不懈，遵从道学精神，就能获得认可，就能成功。

第四十章

反者，道之动；弱者，道之用。天下万物生于有，有生于无。

【提要】本章说到“道”的两大发展规律，一是反向发展；二是从无到有。

【新解】“反者，道之动”，“反”，反方向。这里说了两点：①“道”不是静止的，而是在不断地运动着；②“道”是朝着相反的方向运动的。如阳极反阴，阴极反阳；从无到有，从有到无等。

“弱者，道之用”，“弱”，柔弱，缓慢。这里也说了两点：①“道”虽然在运动着，但其常规作用力是比较柔弱的；②“道”对事物的改变作用是缓慢的。

这句是说，“道”认为世界上万事万物都在不断地朝着相反的方向运动。而且这种运动是缓慢、持之以恒的。

“天下万物生于有，有生于无。”这里再一次强调了事物从无到有的发展规律。因为上面说到了事物的反向发展规律，所以这里说事物发展的起始规律。即事物从无到有之后，又向着从有到无的方向发展，如此巡回往返，大千世界才会精彩绝伦。这里需要注意两点：

1.事物为什么会不停地运动，而且是反向运动。①无极走向太极，太极生两仪，出现阴阳两个方面，阴阳互相依存又互相对立，如中医所说，正常情况下就会“阴生阳长”，互相促进，就会将这种运动继续下去，以产生出现新生事物。②事物为什么朝着相反方向运动，这就如中医是说的“阳极反阴，阴极反阳”。若某一样事物中阳偏甚，中途没有受到干扰，就会一直朝阳的方向发展；阳积累到一定的时候，性质就会发生改变，从而转化为阴。比如热极生寒，寒极生热。其中的道理还可参阅第十六章和第三十一章的解释内容。

2.阴阳转换有三个特点。①阴阳转换是缓慢的。但“缓慢”是与“快捷”相对而言，其中也会有快慢的变化。就好像我们吃饭时，若饭菜合口味，可能就吃得快一些；饭菜难下咽的时候，可能就吃得慢一些。在吃同样的饭菜时也会有快慢的不同。②阴阳转换的运动总体来说是柔弱的。但柔弱是相对强悍而言，强悍一般来说是超过正常用力，而柔弱是在力所能及的状态下用力，所以不要将柔弱与虚弱等同起来。③阴阳转换是持续的。“道之用”，就是说在不停地、持续地使用之中。因为只有在不停的运动中阴阳才会发生变化。若没有了这种运动，就如中医所说“阳杀阴藏”，就是指阳气停止活动了，阴气也就会随之消失，太极就会变成无极。

本章经文告诉我们：在理解“道”的时候，既不要以为“无为”就是无所作为，也不要认为就是顺水漂流。所谓顺势而为的内涵是很丰富的。

1.说明要遵守循序渐进的规律。一般情况之下事物发展是循序渐进，而不是跨越式的。罗马不是一天建起来的，欲速则不达，否则会事倍功半，甚至徒劳无功。

2.在顺势用力的时候，要注意其向反面发展的趋势。所以在顺势而为的时候，要掌握分寸，不要一味使蛮力。既要有力度，还要注意恰到好处。中医常说过则为害，一位医生水平的高低，往往就是看其对疾病的把握度。

3.要顺着势头而用力。犹如闻鸡起舞一样，鸡什么时候鸣叫，就什么时候起来舞剑。这样夏天就要早一些，冬天就会晚一些。既有一定时间，又不固定时间。鸡鸣说明这时天之阳气开始上升，这样人体的阳气就会随之得到鼓舞，在最能调动精力的时候舞起剑来，就会达到最好效果。

4.顺势用力的时候，也不是一味得柔弱和缓慢。若需要之时，就该加大力度。如河中行船，在下水船的时候，船夫用力可以小一点；若是上水船，则就应该加大用力。若虽是下水船，但遇上了险滩，就得根据险滩深浅、水流方向，或主要用大力推船为主，或主要顺水推船为主，这样才能既快又稳妥。

5.顺势的速度是缓慢的，但不一定总是慢的，有时也可以快一些。既不是慢慢来，也不是随便来，而是根据实际情况而来。实际情况允许，就可以加大用力而加快速度；若实际情况不允许，则需要减缓用力而减慢速度。切不可随便加力，这样就会促使事物更快地向反方向发展。人生总会遇见各种困难或挫折，需要主动加大克服的力度，才能尽快通过困境。

6.顺势的发展方向，一定是朝着其反方向，从无到有，从有到无。从我们可见的事物来说，就是从生到死；而从死到生往往不可见，它通过另外一种形式存在。这种发展势头是缓慢的，我们应该珍惜每一天。人生像哲学命题“人不可能两次踏入同一条河流”一样，所以每时每刻都是人生的起点，也是人生的终点，过好每一天就是人生的一种最大享受。因为谁也不知道，明天和意外哪个最先到来，所以生活可以随意、顺意，但不要随便。遭受困难的时候，也不要听天由命，我们可以去努力克服，让生活回到正常轨道上来。只要往事是美好的，当永远闭上眼睛的那一刻，就不要为我哭泣。你会说，为我欢喜吧，我总算走完了这一趟精彩的旅程！

第四十一章

上士闻道，勤而行之；中士闻道，若存若亡；下士闻道，大笑之。弗笑，不足以为道。是以建言有之曰：明道若昧，进道若退，夷道若纇（lèi）。上德若谷，广德若不足，建德若媮（yú），质真若渝（yú），大白若辱；大方无隅（yú），大器晚成，大音希声，大象无形。道隐无名。夫唯道，善始且善成。

【提要】本章说明应该如何认识“道”。“道”虽然广大无边，但其最基本的是有阴阳两个方面。这两个方面既对立又统一，互相影响。万事万物就在阴阳的不断演化中产生、发展、变化。只要遵从“道”的精神，就会有一个好的开始，并把握其中的变化，才能获得一个好的结果。

【新解】“上士闻道，勤而行之；中士闻道，若存若亡；下士闻道，大笑之。弗笑，不足以为道。”这里指不同人群对待道学的态度。所谓士，贵族之一，不仅指有一些学问的人，还应该是指“仕”。《论语·子张》：“子夏曰：‘仕而优则学，学而优则仕’”。上士是指学而有成之人；中士是指一知半解的人；下士是指不学无术之人，他们没有学问只有常识。上士之人能充分理解道学的精神，所以不停地学习和践行，使道学精神得以发扬光大。中士之人不能完全体会道学精神，感觉“道”似有似无，无从着手，想学不知路径，想做不知方法，处于进退维谷之中。下士则对道学一无所知，认为它一无所用，而予以嗤笑。正所谓是知笑之为笑，而不知非笑之为笑也。道学正因为有这样高妙之处，才不被所有人理解。所以本章认为，要是下士们不去笑话它，那才是真正的笑话。

我认为理解道学有三大难点：①什么是“无为”，“无为”与“不为”有什么区别，与“有为”有什么区别？②什么是顺势，“顺势”与“随波逐流”有什么区别，“顺势”还需要“无为而为”吗？③自然规律发展的开始是从无到有，而终点又是从有到无，往返轮回，对人生有什么意义?

因为有这三大难点，所以在人群之中，因学识的深浅，就会有上、中、下之分。这不是“道”本身的问题，主要是学习道学不容易，所以需要我们努力去宣扬和实践，以使“道”得以深入人心，益以大众。

道学也应该是一门修身、齐家、治国、平天下的学问，我说的这三个难点，不仅是学习难，实践更难。学习目的是要取得实际效果，所以古人说，坐而论道，不如起而行之。在学习中，很重要的一点是通过实践来加深理论上的认识。就好像中医一样，学习理论不易，但即使是背诵了很多医籍也不一定行。仅仅理论上口若悬河，临床时看不好病，那说明还是没有学到中医的精髓。王阳明曾说：禅宗说了“人人都有佛性”后，就枯坐不管了；说了“佛向心头坐”后，就真的在心头坐，不去实践。而我说了“在心上用功夫”后，必须去实践。所以不论是佛学，还是道学，都要去实践，不然是空头学问，没有什么实际的作用，一不见得有利于社会，二也不见得有利于众生。正如陆游的诗所说：古人学问无遗力，少壮工夫老始成。纸上得来终觉浅，绝知此事要躬行。

“建言有之”，是说有人建言，有人提出建设性的看法，也就是我们说的“常言道”。

“明道若昧”，对此，南怀瑾先生解释：“老子文章的写作方法，是楚国的文化，现在说是南方的文化，都是有韵脚的，每一句都是押韵的韵文，很好听。‘明道’，真正的大明之道‘若昧’，‘昧’不是完全黑暗，是有一点模糊，有一点不明，就是我们现在一句通俗的话，‘天亮以前，有一段黑暗’。这一段黑暗，文学专门的名称叫作‘昧爽’，就是要亮而未亮之间，也就是现在常说的黎明。这种‘昧’是自然物理的现象，也说明了道的作用。‘明道若昧’的道理，引申到为人处事方面，就是事情在成功以前常有很艰苦的一段。在科学研究工作上，要发明一项东西时，研究到最后似乎绝望，当自己将要放弃时，忽然一个灵光来临，发明成功了。这就是‘明道若昧’。打坐修道的人，也许修了几十年，一点影子都没有，毫无进步。但在毫无进步当中，绝不要放弃!这一句话可以给自己当作一个安慰，也许快要悟道了，因为‘明道若昧’，自己越来越笨了。这虽然听起来像笑话，但的确有这样的一个现象过程。”南怀瑾先生是从物极必反的道理上来解说的，是我们常说的成功往往在于再坚持一下的努力之中，而最后压垮骆驼的可能是一根稻草，可供参考。

除此之外，我觉得还可以从相对的角度上进行理解。因为明、昧是一种相对概念。和明相比，就会感觉到昧；反过来和昧相比，就会感觉到明。哪怕身处黑暗中，若远处出现一盏灯，就会感觉到它的明亮。就好像在夜空看星星一样。星星还是那个星星，若是在大城市里，灯光璀璨，天上的星星就不容易看到；若是在荒郊野外，天空中的星星就十分耀眼。

“进道若退”，南怀瑾先生说：“学任何一样东西，做任何一件事情，进步到一个程度，成果快要出现的时候，你反而觉得是退步。比如说写毛笔字，开始写的三天，越看写得越有味道，越写越漂亮，自己也赞叹自己快要变成书法家了。到了第四天越写越难看，第五六天自己都不想练了，越看越不成样子。在这个时候，千万不要放弃，写的字虽然越看越难看，那正是你书法上的进步过程。学拳也是一样，不管太极拳、少林拳，学了半月就想打人，觉得自己的武功天下第一，好像都可以飞檐走壁了。三个月后慢慢发懒了，半年以后，所学的通通丢光。所以，在进步以前就有这个现象，人情物理都是如此。古人只是拿人世间的经验，以及物理的状况，加以说明而已。”

“进道若退”，若从相对的角度来说也是这样。进与退是一种相对的概念，就好像我们坐在船上，船在行进中，我们感觉到的往往是河岸在向后退，而不是船在向前。

“夷道若纇”，夷是指平坦之路；纇是指崎岖之路。夷和纇也是相对来说的。在我们身强力壮的时候，即使在崎岖的路上行走，也和在平坦的路上行走没有什么区别；若是在体弱多病的时候，即使在平坦的路上行走，也和在崎岖的路上行走一样费力。

以上主要说的是事物的相对性。

“上德若谷”，《道德经》中一般将“道”比之为“谷”，而将“德”比之为“路”。如本书第二十八章说：“为天下谷，常德乃足，复归于朴”，其中的“谷”，就是指“道”。“上德”好像是一座山谷中有一条主路，但还有很多岔路。所以在主路上行走的时候，还要想到和对比谷中的其他岔路，以免走错。

“广德若不足”，“广”，宽广，多。“不足”与“广”相对来说就是狭窄，少。说明在“道”中，“德”的程序有很多，有十分完美的程序，也有十分欠缺的程序，需要在不断对比中求得最好路径。

记得我大学毕业，分配去大山里当医生的时候，一位边远山区的患者要求出诊。早上8点左右出发，由于路途不熟，我猜想沿着电线杆走，也许就能到达该大队所在地（即现在的主要村庄）。但是山中不只一条路，电线也不只一条，地广人稀，没有人可以问路，而且树木较多，有时看不清电线杆，结果走错了七八里路，才遇见一位行路人，将我带到患者家中。这样我一天才看了一位患者，回到诊所已经是傍晚6点多钟了。这件事说明，即使山谷走对了，道路也不一定能走对，可见山谷与道路的关系，也是需要认真思考和对待的。

“建德若媮”，“媮”，与愉通，又乐也。《吕氏春秋》：“齐威王鼓瑟。驺忌子曰：攫而深，醇而媮者，政令也。”在这里可以解释为以欢乐的表象去迎合别人。在《史记·白起王翦列传论》中有：“当是时，翦为宿将，始皇师之，然不能辅秦建德，固其根本，媮合取容，以至圽身。”说的是大将王翦受秦始皇的差遣，去完成一项任务。但是他没有能够为秦始皇建功立业，所以不受待见，只能苟且偷生一辈子。可见“建德”是指建功立业；“媮”是指“媮合取容”，就是卑躬屈膝，看人家脸色，迎合别人，苟且偷生。这句说的是，建功立业者中，也会有苟且偷生之人。言外之意就是，成大事者也应该事前想到有失败的可能。

“质真若渝”，“渝”，是改变的意思。就是质地再硬的石头，也难免发生改变；再好的玉质也难免有瑕疵。所以蔺相如才敢说和氏璧有瑕疵，以此从秦王手中骗回，而有完璧归赵的故事。

“大白若辱”，这与本书第二十八章所说的“知雄守雌”“知白守黑”“知荣守辱”意思相近。因为“峣峣者易折，皎皎者易污”，所以十分洁白的地方就要考虑有污染而被弄脏的情况。

上面主要说到了事物因有相对性，所以有两个方面，就有了对比性，进退得失需要全面考虑。

本句是依据上句“明道若昧，进道若退，夷道若纇”所说的道理而进行的推论。事物有相对性、对比性，既要看到事物的这一面，也要看到事物的另一面；凡事要考虑周到，不要挂一漏十。说明“道”虽然大而无边，一些人一时摸不到头脑、不理解，但其要点还是阴阳变化、阴阳相依，既一分为二，又合二为一。每个事物总是有两个方面，努力争取好的方面，也不忘防止不好的方面。

“大方无隅”，“方”不仅指正方形，也可以是多边形。当正方形的边无限增多的时候，就接近圆形，这时候就看不出“角”的形状。所以称这种“方”为“大方”。

“大器晚成”，这是我们常说的一句话。所谓“大器”就是很贵重的器物，铸就这样的器物，需要花费很长的时间。十年树木，百年树人。对人来说，成就一番大事业，往往需要较长的时间。

“大音希声”，说明让人感动的美好音乐，往往不是一个又一个音阶，而是美妙的曲调。

“大象无形”，外在形象太大，目不能及，就不能弄明白到底是什么形状。就好像蚂蚁爬在大象身上，他是不知道大象长什么样的。这里的“大象”应该是指“道”。如本书第三十五章就说：“执大象，天下往；往而不害，安平泰”。也就是说，由于“道”所包含的范围十分广大，所以很多人弄不清楚其中具体有什么内容和价值，不能全面地看待道学，因而不能准确评估道学。

“道隐无名。夫唯道，善始且善成。”“道”因为太大，包含的内容太多，不能用一个名称来说明他，因此是无名。但是只有从尊“道”开始，才能给你帮助，才能够促使你成功。

第四十二章

道生一，一生二，二生三，三生万物。万物负阴而抱阳，冲气以为和。人之所恶（wù），唯孤、寡、不谷，而王侯以自称（chēng）也。故物，或损之而益，或益之而损。人之所教（jiào），亦议而教（jiāo）人。强梁者不得其死，吾将以为学父。

【提要】本章讲“道”中的阴阳变化关系，强调了冲气的重要性。以此说明不管事物如何变化，道学总以和谐为本。由于他代表了自然发展的大趋势，因此我们应该向民众努力宣传。

【新解】“道生一，一生二，二生三，三生万物”，这就是常说的道学中的三分法。无极为“一”，“无极”生“太极”就出现了阴阳，阴阳就是“二”，阴阳在互相对立和依存中，产生变化，就会出现阴阳多少的不同，因而产生“冲气”，形成“三”。所以阳又可分为太阳、阳明、少阳；阴也可分为太阴、厥阴、少阴。这就好像阴阳在膨胀中形成了水滴的形状一样，有了大、中、小的不同。从太极图中的双鱼形状中也可以看出阴阳之间的关系和阴阳本身的多少。由此阴阳都各自有了三种形态，而且互相交合，所以称为“三”。由于阴阳在“三”之时，处于不断变化中，故促使事物出现了多种不同形态，因此有了“三生万物”。

图1　太极

图2　无极

“万物负阴而抱阳”，道学讲阴阳，中医也认为万事万物都可以分成阴阳两个部分。从人身来说：左为阳，右为阴；后为阳，前为阴；上为阳，下为阴。阴阳必须互相依存，只有阴阳之气互相交流才能发挥正常功能。人身前为阴，所以必须和自然界的阳气交流才有益；人身后为阳，必须与自然界的阴气交流才有益。这就是“负阴而抱阳”的意思。养生或练气功的时候，就很注意阴阳交流。比如坐北朝南时，人腹部为阴而朝南方，南为阳；背部为阳而朝北方，北为阴，阴阳正好顺畅交流，这样的坐位就是“负阴而抱阳”。在《易经》中，泰卦是阴在上，阳在下，与自然界阴在下的阴阳位置正好相反，可达到交流的目的，所以称为“泰”，即康泰；而“否”卦则是阳在上，阴在下，与自然界的阴阳位置正好相同，不能顺利进行阴阳交流，所以称之为“否（pǐ）”，即痞塞不通的意思。中医治疗也有很多调节阴阳的方法，如偏瘫病人经络阻塞，阴阳之气不能交通，治疗偏瘫的大接经疗法，就是从阳引阴，从阴引阳的针灸方法。其目的是使阴阳之间能够顺畅交流，因此可以取得更好的疗效。

“冲气以为和”，所谓“冲气”就是这里所说的“三”，就是阴阳相交相合之时，既含阴又含阳的气。这时阴阳既对立又协调，所以能化生万物。如中医所说足太阴脾与足阳明胃相合，形成了运化、燥湿、升降三种相对立的关系，合称为土，为后天之本，能供养万物。道学很重视冲气，冲气的特点就是“和”，有以“和”为贵之说。虽然从哲学上说，一分为二和合二为一同时存在，但“道”更重视合二为一的作用，一切在和谐中发展进步。道家推崇的“中庸”，就很讲究“和”。但是“和”不是指阴阳平衡，而是阴阳协调，是在阴阳动态中和谐，笔者称之为波澜不惊，而不是死水一潭。

但要注意的是：①“和”不是委曲求全，阴阳任何一方出现太过，都不是和。无论阳盛或阴盛都是病态，不是正常态。弱阴或弱阳是不可能有主动协调性的，因而不可能主动出现阴阳协调而相“和”的状态，这时就需要医生介入了。②“和”也不是指阴阳平衡，不是像天平一样相互对等，而是像中国的秤一样，可以四两压千斤，是阴阳在可控范围之内的动态协调。

“人之所恶，唯孤、寡、不谷，而王侯以自称也”，这是指当时最高的王公贵族，喜欢自称为孤、寡、不谷。对他们来说就是一种谦称，并以此取得民心。

“故物，或损之而益，或益之而损”，说明事物在不断循环之中，就好像月有阴晴圆缺一样。自然界的一切事物都是往返性地重复，螺旋形地上升。在中医看来，月满则人的气血充实身体；月缺则人的气血内敛收藏。人体中的气血位置和作用随之发生变化，这是自然界中的正常现象。在月亮逐渐向满的时候进行针灸治疗，可以使用的针刺穴位相对较多，反之则逐渐减少。如《灵枢》说：“月生一日一痏，二日二痏，十五日十五痏，十六日十四痏”，就是根据月亮的圆缺来定所选穴位的多少。这也是顺应自然的结果，与道学思想非常接近，所以能取得更好疗效。

“人之所教，亦议而教人。强梁者不得其死，吾将以为学父。”“强梁”，一般指强盗。这里应该是指那些毁誉道学的人。“学父”，学生之父，古代一般说尊师如父，一般称执教的长老为“教父”或“学父”。这句说，人们从“道”中感悟出来的知识，我也给别人做宣讲。那些毁誉道学的人，不能遵从“道”的精神，所以难以顺利前进。虽然他们不撞南墙不回头，冥顽不化，我仍然还要去给他们讲述道学的精妙之处，力争感化他们。

第四十三章

天下之至柔，驰骋于天下之至坚。无有，入于无间，吾是以知无为之有益也。不言之教，无为之益，天下希能及之矣。

【提要】本章论述了无与有的关系，说明只有“无为”才能有益于天下。

【新解】“天下之至柔，驰骋天下之至坚。无有，入于无间，吾是以知无为之有益也”，这里讲述了坚与柔二者之间的关系。天下最柔和的东西，能与天下最刚强的东西相协调，就像阴阳一样能够相合、交流，才有万事万物的出现。好像没有任何力量的柔软的水，却能无孔不入，说明无为是多么有用啊。看起来混沌世界好像什么都没有，而世界就是从这种混沌中发展而来的，最后又回到混沌、无的状态之中，不断地循环。只要能认清这个发展规律，知道“无为”而顺应自然，才是对待自然、生活的最好方式。

①刚柔相济，如水、气看似软弱，却能与刚相容。苏辙说：以坚御坚，不折则碎；以柔御坚，柔亦不糜，坚亦不病。所以这里说“天下之至柔，驰骋天下之至坚”。硬碰硬时，必有一毁，而刚柔相遇，有如阴阳之相合，则能互相调和。

②柔能克刚，比如水、气没有一定的形态，柔软之至，似有似无；而沙石则坚硬，有形有质。在沙滩上，只有水能浸入沙石堆，以柔克刚，而沙石却没有什么变化。所以王弼说：气无所不入，水无所不出于经。讲的就是柔克刚的道理。

中医治疗强调阴平阳秘，无论是何种疾病，不是阳强过阴就是阴强过阳。无论阴阳之间如何变化，治疗的最终目的是回到阴阳互相协调的状态。如滋阴潜阳，就是以阴平阳；泻火养阴，就是去阳和阴。在阴阳二者的关系当中，又常常是“阴常不足，阳常有余”，所以增强阴气、阴津、阴液，以克制亢旺的阳气，以阴克阳就是常见的治疗方法之一。

所以这里说的“无”和“有”两样东西，谁强谁弱，一目了然。如上面所说的例子，把它们都放在看似没有孔隙的地方，就能显现出二者的差别。“无”能无孔不入，而“有”则一定不能进入。因此本章认为只有“无”才有潜移默化的能力、无孔不入的劲头，人们在无形中就已经受益，这样才能真正有益于天下。本文以这些日常可以见到的现象来说明道理，是很容易被人们接受的。

第四十四章

名与身孰亲？身与货孰多？得与亡孰病？甚爱必大费，多藏必厚亡。故知足不辱，知止不殆，可以长久。

【提要】本章通过“三问”来说明人生中什么才是真正重要的东西，以及人生如何正确地追求目标。

【新解】“名与身孰亲？”这是第一问，名誉和身体哪个更属于自己？说起来好像谁都知道，但在现实中却让人迷茫。民间广为流传的“一个中心，三个基本点”，就是以健康为中心。甚至有人比喻说，健康看起来不大，就是一个“1”，所有的财富、荣誉只有在这个“1”的后面才有价值。无论是“1000”还是“10000”，若是这个“1”没有了，那么后面所有的东西都是“0”。但是知道的人多，理解的人少；口头上说得多，真正想得开的少。可见这就是千古一问。

“身与货孰多？”这是第二问，身体和财产哪个更重要？这也不是一个难题，旁观者清，当事者迷。历史上这类例子太多。清朝乾隆时期，和珅的家财富可敌国，但到头来，嘉靖上位，就有“和珅扳倒，嘉靖吃饱”的结果。生前嫌其少，死后何其多？人心中的“魔鬼”一旦被放出来，欲望就没有满足的时候。很多贪污腐败的人，开始都是谨慎小心，但是“魔鬼”会很快长大，最终必然不可收拾。这个题目看起来不难，但实施起来就很难了。

“得与亡孰病？”这是第三问，得到和失去哪个更不属于正常思维？这是不言而喻的。人在生活中需要生活、生产资料，希望得到是每个人的正常思维。但正如中医所说“过则为害”一样，过多的得到，过分的获取，“物极必反”就必然失去。每个人掌握金钱的能力并不一样，很多实业家、投资家可以让金钱发挥更大作用，造福于国家。但一般的人掌握过多的金钱，只会迷茫。有的人将金钱藏在家中，堆积层叠，提心吊胆；有的人挥霍无度，醉生梦死，以为这就是人生。事实告诉我们，恰恰相反，其结果是既失去了健康，也并没有获得真正的快乐，反而失去了人生的价值。

这三问好像是明知故问，正像《红楼梦》中“好了歌”说的：

世人都晓神仙好，惟有功名忘不了！
古今将相在何方？荒冢一堆草没了。
世人都晓神仙好，只有金银忘不了！
终朝只恨聚无多，及到多时眼闭了。

这确实是敲击心灵的问话。所以本章说“甚爱必大费，多藏必厚亡”，就指出“甚”“多”实质是“过”，结果必然是“大费”，就是遭受更大的消耗、损失。“厚亡”就是很快地失去和消亡。这也正是“道”和非“道”的区别。很多人不明白这个道理，其实是没有受到“道”的指导，没有获得“道”的悟性。因此本章说“知足不辱，知止不殆，可以长久”，也就是知足者常乐，知止者常获，而且因此可以长久不衰。

第四十五章

大成若缺，其用不弊；大盈若冲，其用不穷。大直若诎，大辩若讷，大巧若拙，其用不屈。躁胜寒，静胜热。清静可以为天下正。

【提要】本章说明阴阳相合才是完美，所以对任何事物都要注意使用两分法。只要抓住主要方面，就能获得成功。

【新解】“大成若缺，其用不弊”，“缺”，缺陷，“弊”弊端，引申为遗憾。一款成熟的产品，难免还会有不足之处，但是，不会因为使用它而造成遗憾。

“大盈若冲，其用不穷”，“盈”，充盈，充满，“冲”，冲溢，破除、毁坏。装满了水的容器，难免会有一些溢洒，但是，不会影响它的使用次数。

以上这两句，可以理解为如何看待十根指头和一根指头的关系。不要因为对一根指头的不满意，就否定十根指头的作用。看待一件事物，看待一个人也是一样，不要因为某些不足之处，就否定其价值。对待道学，不理解它，并不代表它本身有问题，或在运用上有弊端。这句为本章的总纲，后面三句就是对总纲的具体解读。

“大直若诎”，“诎”，同弯曲。非常直的线条，若是无限延长，就会感觉它好像是弯曲的。就像我们在一望无际的大草原上看地平线，感觉它是弯曲着的；我们看海上的航船，首先看到的是船上的桅杆，过一段时间航船逐渐行驶靠近，才会看见船身。苏轼曾有一首诗：横看成岭侧成峰，远近高低各不同。不识庐山真面目，只缘身在此山中。在大的环境下，远近高低的位置不同，眼睛看不到事物的全貌，给人的感受不同，所以就会有误解。

“大辩若讷”，在辩论中，与其口吐莲花，夸夸其谈，让人一头雾水；还不如抓住要点，简单明了，就能一锤定音。所以看似口拙，实是拙能胜巧。就像道学一样，无为而无不为，却能行走天下而不败。

“大巧若拙”，指非常成熟的技巧，往往使人感觉它没有什么诀窍。大型魔术常常让人瞠目结舌，但揭开其中的秘密，原来是那么简单。就像道学一样，道理很简单，但却蕴含着深奥的含义、深刻的影响。

以上三句话与第四十一章“大方无隅，大器晚成，大音希声，大象无形”有近似之处，可以互相参阅理解。他们都是从“大”的角度看待事物，无论是否能看到事物的全体，都必须考虑阴阳两个方面及二者之间的变化关系。其辩证地说明了事物发展必定有两个方面，我们应该分清其中哪个是主要方面，哪个是次要方面，才能把握主要矛盾，解决主要问题。

“躁胜寒，静胜热”，这里的“躁”不是“燥”。前者是指烦躁；后者是指干燥。所以烦躁是指热象，热能胜寒。“静”是指安静，常说“心静自然凉”。寒能胜热，这是自然界的常见现象。这句话说上面所说的三个“大”，是自然规律的表现，所以只有遵守自然规律，才能无往而不胜。

《素问·痹论篇》说：“静则神藏，躁则消亡”。从神志的角度上说，静就是指人的精神、情绪保持在淡泊宁静的状态。神志清静而无杂念，可使真气内存，心神安宁。诸葛亮说：“宁静以致远，淡泊以明志”。静的内涵很广泛，不仅是单纯的静止不动，还包括当人的思想和行为受到外因的冲撞时，能不被影响，镇定自若。一旦有豁达的心胸消烦恼之火于无形，天还是那个天，地还是那个地，万事不过一笑而已，这样，就能入静而保持阴平阳秘的状态。有如苏东坡诗曰：

庐山烟雨浙江潮，
未到千般恨不消。
及至到来无一事，
庐山烟雨浙江潮。

现代研究表明，人在入静后，大脑可以回复到儿童时代的脑电波状态，使得衰老暂时得到逆转；而烦躁不安，就会心烦意乱，热象丛生。热能胜寒，但燥热过盛则会扰乱心神，对神志来说就会出现相反结果。所以说“笑一笑，十年少；愁一愁，白了头”。

“清静为天下正”，阴阳二者中，阳主躁动，阴主静守，二者只有相合才会化生万物。中医认为只有“阴平阳秘”，才能“精神乃治”。所以这里所说的“静”应该是相对安静，绝不是死水一潭，而是波澜不惊。也就是阴阳在和谐中互动，而不是“阴阳离绝”。若“阴阳离绝”，那就不是太极，而是回到无极状态了。

第四十六章

天下有道，却走马以粪；天下无道，戎马生于郊。罪莫大于可欲，咎莫憯（cǎn）于欲得，故知足之足，恒足矣。

【提要】本章说明天下有“道”，就会出现“知足常乐”的道理。

【新解】“天下有道，却走马以粪”，“走马”，就是遛马；“以粪”，就是让粪便发挥作用，言外之意就是用马粪肥田，注重耕种。本句说，“道”的精神能够得到天下人的认可，大家遵从“无为”的思想，就会无为而无不为，社会得到和谐发展，人们安居乐业；就不会有相互争夺，更不会有战争，所以能刀枪入库，马放南山，男耕女织，琴瑟和鸣。

“天下无道，戎马生于郊”，若是天下人不遵从“道”的精神，就会出现弱肉强食，互相争夺，战争就难以避免。渔阳鼙鼓动地来，惊破霓裳羽衣曲。因战争的需要，战马就将被用在郊外演武场以备战争需要。

“罪莫大于可欲，咎莫憯于欲得”，“憯”，古同“惨”。万分悲怜，凄惨。这里强调了“可欲”和“欲得”是惹祸上身的主要原因。“欲得”虽然是每个人的基本想法，一旦有了“可欲”的“欲得”，就会无休止地膨胀，出现“过则为害”的结果。我国有“南柯一梦”的故事，结果不过是一枕黄粱，时过境迁，人走茶凉，梦醒悲凉而已；俄国有《渔夫和金鱼的故事》，渔夫在海上打捞到了一条金鱼，金鱼向渔夫说，你放了我，我会满足你任何一个愿望。渔夫的老太婆知道后，向小金鱼提出要一个木盆，得到后，又提出要一座房子，然后要当贵妇人，还要当女皇，最后甚至要当海上霸王，让金鱼伺候她。欲望越来越强，越来越肆无忌惮，金鱼听完便游走了。他们的家又回到以前的小破屋里。这就是民间常说的，人心不足蛇吞象，最后不过是一个笑话而已。

近代也有一些贪官的故事，家里的钱财车载屋藏，还不知道收手，就好像《红楼梦》里所说：

金满箱，银满箱，转眼乞丐人皆谤。
正叹他人命不长，那知自己归来丧！
训有方，保不定日后作强梁。
择膏粱，谁承望流落在烟花巷！
因嫌纱帽小，致使锁枷杠。

其结果可惜、可悲、可憎，有的人甚至不能回到原点，这是何苦呢？这也说明遵从道学精神，对人、对社会多么重要。

“故知足之足，恒足矣。”所谓“知足之足”，就是不同的人、环境、地位有不同的“足”，不要攀高望远，过分要求。知道什么才是自己的“足”，自己的“足”是什么样，而且满足于它，就是“知足之足”。这样的“足”既能满足自己，也不会损害他人，所以能平安无事，和谐相处。

这里要注意的是，在争取自己应该有的权利和利益的时候，不能说是“不知足”；只有超过了自己的地位，远离了自己所处的环境，高估了自己的能力，过分奢侈的生活要求，才属于“不知足”。

本章的结论就是“故知足之足，恒足矣”，即“知足常乐”。

第四十七章

不出于户，以知天下；不窥于牖，以知天道。其出弥远，其知弥鲜（xiǎn）。是以圣人弗行而知，弗见而名，弗为而成。

【提要】本章说“道”遵从自然规律，只要循“道”而行就能解决好问题，不需要在处理问题时临时想办法。

【新解】北宋刘彝《画旨》曾说“行万里路，读万卷书”以增长知识，是有一定的道理的。阅历多，处理问题的能力就会强。

《道德经》说“不出于户，以知天下”，为什么与刘彝之说相反？①因为老子之说早在春秋战国时期。当时诸侯国比较多，国家很小，各国交流不多，发展进程较慢，事情往往大同小异。某人出国游历之后，回国一说，大家都知道了，所以不用每个人都必须有出国游历的经历。②当时外出条件比较差，因交通、安全等原因，所以不提倡外出。③天下的大道理是一样的，只要遵从道学的精神就能明白天下的事理。

可见这里说的天下事，是指管理或治理天下的大事，而不是指一般、常见的知识。古人言“秀才不出门，全知天下事”，也是这个意思。当然这里的秀才，可能属于儒家的学者。有些道理是道、儒相通的。随着社会的发展，网络的联络增加，无论大事小事都能从网络上搜集到，《道德经》这句话言之有理。

但是无论大事小事，注重实践仍然是不可或缺的。所以“不出于户”，不要理解为只懂得理论，不去实践就能解决天下之事。因为“知天下”，还只是了解了天下之事，不是真正的管理、处理天下之事。“知天下”难，真能解决天下之事更难。没有实践的检验，真理性如何就难说了。

“不窥于牖，以知天道”，不通过窗户看外边，也能知道天气的变化。就像诸葛亮吟诗：“大梦谁先觉？平生我自知。草堂春睡足，窗外日迟迟。”他睡在草堂就知道窗外的太阳已经西沉了，依据的就是自然规律。因为他午睡醒来之时已是下午了，太阳一定是偏西了。

上面两句，第一句是必然，第二句是推论。可以依据道学了解事物，即明理；还可以依据道学推论事物，即推理。

“其出弥远，其知弥鲜”，“鲜”，指稀有的，罕见的。有人解释说外出游历越多、越远，知道得越少。这种解释好像不合常理。笔者认为可从《论语·里仁》所说“父母在，不远游，游必有方”的角度进行理解。儒学和道学在很多地方是相通的。当时中国诸侯纷争，商业并不发达，各地民众交往很少。孔子周游列国，也是历经磨难，甚至到了吃饭都成问题的处境，可见外出风险极大。所以除了战争之外，互相之间多是鸡犬之声相闻，老死不相往来。一旦外出，归期则遥遥无期。直到唐朝李商隐还说：

君问归期未有期，巴山夜雨涨秋池。

何当共剪西窗烛，却话巴山夜雨时。

可见，归期对古人来说，一直是一个牵肠挂肚的问题。所以这里的意思应该是外出游人鲜有消息，不知归期的意思。因为上面说了，在家就能知道天下事，所以认为没有必要冒风险外出。

“是以圣人弗行而知，弗见而名，弗为而成”，这里的“弗行”是指“不行而行”，虽然没有通过行走去观察，但是可以通过自然规律去观察天下；“弗见”是指“不见而见”，虽然没有亲眼所见，但是依然历历在目；“弗为”是指“不为而为”，不是什么都不去做，不学习，不观察，而是指顺势而行，顺势而做，顺势而为。

这句话是本章的结论，就像诸葛亮的《隆中对》，不出门而知天下；也正如孙中山先生所说，“天下大事，浩浩荡荡，顺之者昌，逆之者亡”，遵从道学就能明理，就能顺之者昌。

第四十八章

为学者日益，为道者日损。损之又损，以至于无为，无为则无不为。将欲取天下者，恒以无事；及其有事也，又不足以取天下矣。

【提要】本章论述了学“道”与去欲的进退关系，及其对天下的影响。

【新解】“为学者日益”，经常地学习，就一定会有收获。这是一个常见的真理。学习需要日积月累，知识才能不断地增长。所以说“十年树木，百年树人”。

“为道者日损”，学习道学就是要一天天“去欲”。如第四十六章说：“罪莫大于可欲，咎莫憯于欲得。”“欲”退一分，则“道”进一分，人性中“天使”的心态多一分，则“魔鬼”的心态就会少一分。长此以往，才能逐渐进入无为状态。所以这里说的“损”是指损欲，是以退为进，千万不要理解成使“道”受损伤。

以上主要说进退有方。无论进退，都是敌退我进，实质上都是进，都是道学精神在长进。这与《礼记·大学》所说“苟日新，日日新，又日新”有一致之处。

“损之又损，以至于无为，无为则无不为”，使欲望不断地减少，如第三十四章说，“成功遂事而弗名有，衣被万物而弗为主，可名于小”，才能到达“无为”的状态。

“损之又损”，就是一步一步逐渐地损，不需要全损，指对一般人群只需要损掉过分的“欲”，还得保留应该有的“欲”。“又损”，根据情况来决定是否再损。只要达到“无为”状态就能“无为则无不为”。只要符合了“道”的精神，就能进入“无为”的状态。“损之又损”是最低要求，或者说是达到“无为”的最基本要求。若是想进入更高的道学状态，当然还可以继续去欲，一直到无欲。可见“损之又损”有起点而没有终点，根据不同人群可以有不同要求的。

“将欲取天下者，恒以无事；及其有事也，又不足以取天下矣。”只要天下之人都能顺应自然，天下就不会有事，所以常说“天下本无事，庸人自扰之”。“及其有事”，都是庸俗之人自扰，逆自然而动，纵欲而已。若是放纵无度，争斗不止，不可能天下归心。

第四十九章

圣人恒无心，以百姓之心为心。善者善之；不善者亦善之，得善矣。信者信之；不信者亦信之，得信矣。圣人之在，天下歙（xī）歙焉，为天下浑浑焉。百姓皆注其耳目，圣人皆孩之。

【提要】本章说明“德”是贯彻“道”的途径。在不同的情况之下，可以使用不同的“德”，以顺应各种变化，而遵从“道”的精神。

【新解】“圣人恒无心，以百姓之心为心。”“心”，指一般人的心态。这里说的一般人，应该是未得道之人。所以“心”应该指“百姓心”，就是后文所说的“善者”“不善者”“信者”“不信者”，即各种各样的心态。“圣人恒无心”，圣人没有百姓那种不同心态，而是有一个固定的心态，就是“道”，顺其自然的心态。

苏辙解释圣人的心态为“虚空无形”，是“道”，是顺其自然；不是随波逐流，投机取巧，而是在“道”的精神指导下顺势应变。其既不要违反百姓的心态，又必须使百姓的心态逐渐转变，而最终顺其自然。只有这样，才有后文所说的各种“德”。

“善者善之；不善者亦善之，得善矣。”“得善”，是指得到“德”程序中的一个小程序，即“善”程序。对善或不善的心态，都可以运用“善”的程序对他们进行引导。就好像《易经》中有八八六十四卦，我们选择其中某一卦来运算一样。什么是“善”程序，具体内容是什么，这里没有解释，应该是首先自己要有“善”的心念，才会有“善举”，这样才是真正得到了善。

这里强调一个“善”字，是要求圣人要善待相同见解的人，也要善待不同见解的人，这才符合“道”的精神。只有具有善待之心，才会有“善”之行。

“信者信之；不信者亦信之，得信矣。”这里是指对于“信”者，或“不信者”，可以选择“信”这个程序对他们进行引导。所谓“信”，指信任、信誉。无论他人诚信或不诚信，我们都要以诚信对待他们，这样才能起到引领作用，才是真正得到了信。

上两句说到“得善”“得信”，说明“德”有很多种类，其中就包括“善”“信”两个程序。圣人可以根据不同情况，运用不同的“德”去引导百姓，以贯彻“道”的精神。

“圣人之在，天下歙歙焉，为天下浑浑焉。”只要有圣人在位，天下都会安静温和，就像混沌世界一样单纯。

“百姓皆注其耳目，圣人皆孩之。”圣人之心总是牵挂着百姓，对百姓的一切要求明察秋毫，就好像对待小孩一样时时刻刻给予关心和爱护。

第五十章

出生入死。生之徒十有三；死之徒十有三；而民之生，生而动，动皆之死地，亦十有三。夫何故也？以其生生之厚也。盖闻善

摄生者，陆行不遇兕（sì）虎，入军不被（pī）甲兵。兕无所投其角，虎无所措其爪（zhǎo），兵无所容其刃。夫何故也？以其无死地焉。

【提要】本章论述了长寿与道学的关系。

【新解】“出生入死”有两个含义：①从出生到死亡的全过程；②指复杂的人生，如死里逃生、苟且偷生、梦生醉死、舍生忘死、奋斗一生、修行一生等。

“生之徒十有三”，指一帆风顺和善于养生的人，大概占总人数的三分之一。这样的人一般都能长寿。

“死之徒十有三”，意外死亡的人，包括当时因医疗条件不好而死亡的人，大概占总人数的三分之一。

“而民之生，生而动，动皆之死地，亦十有三。”“动皆之死地”，主动进入容易死亡的地方。苏辙说：“吾又知作而不知休，知言而不知默，知思而不知忘，以趣于尽，则所谓动而之死地者也”，就是指过度活动，不知适可而止的人。《素问·上古天真论篇》也说：“今时之人不然也，以酒为浆，以妄为常，醉以入房，以欲竭其精，以耗散其真，不知持满，不时御神，务快其心，逆于生乐，起居无节，故半百而衰也。”本句认为不知摄生，妄加作劳的死亡人数，也占总人数的十分之三。

中医对“动皆之死地”，也多有认识。如《灵枢·本神》从五脏与情绪的关系来说：心怵惕思虑则伤神，脾愁忧而不解则伤意，意伤则悗乱，肝悲哀动中则伤魂，肺喜乐无极则伤魄，肾盛怒而不止则伤志，恐惧而不解则伤精。情绪的不正常变化，会使五脏受伤，进而使五脏之神受伤。比如现代抑郁症增多，多与肝气受压抑有关，而其中失眠又是主要症状。失眠病或与心火亢旺有关，或与心神不安有关，或因思虑太过等，都与情绪变化相关。长期失眠必然会影响人的寿命。工作压力大，情绪受影响，若不及时调整，就是进入“死地”的原因之一。

中医养生是一种调整情绪、释放压力的有效方法。如《素问·四季调神大论篇》从天人相应来说：春气之应养生之道也，逆之则伤肝；夏气之应养长之道也，逆之则伤心；秋气之应养收之道也，逆之则伤肺；冬气之应养藏之道也，逆之则伤肾。养生最重要的就是应天时。四季不同，养生的方法也应不同。这在《内经》中有很多相关介绍，值得学习。

《灵枢》中的“九宫图”是古代智慧结晶，我认为它其实就是我国古代的生物钟，对我们养生、养神、抗病都十分重要。比如情绪发生大的变化时，一般应该控制在3天左右，这样就不会对身体产生太大的不利影响。若是生病了，一般控制在8天之内，也不会对身体产生太大影响。这里有一个八分之一规律，即无论一天、一月或一年，在八分之一的时间内将其控制住，就不会影响到这一天、一月或一年的身体健康。超过了这八分之一，人体内的阴阳协调就被部分破坏，影响较大。破坏越多，对身体的影响就越大。若有5次这类不利影响同时存在（也就是此次没好，下一次又叠加上了），人就处于阴阳离绝状态，也就是进入死亡。这样看来，对于养生、防病、治疗，“动之死地”都有一个时间要求。

“夫何故也？以其生生之厚也。”那是什么原因呢？原因就是在生的时候过分厚待自己。过分放纵，毫无节制，必然过则为害。

“盖闻善摄生者，陆行不遇兕虎，入军不被甲兵。兕无所投其角，虎无所措其爪，兵无所容其刃。”“善摄生者”，指遵从道学之人。“兕”，指古代犀牛一类的兽名。兕最早见之于《山海经》：“兕在舜葬东，湘水南。其状如牛，苍黑，一角”，指湘水的南边、帝舜墓冢的东边生长着兕这种猛兽。本句说，善于养生的人，去荒郊野外不会遇见豺狼虎豹，随军出征不需要披上铠甲，遇见犀牛不会被其用角攻击而被刺伤；让老虎无处下爪，从而不被老虎抓伤；战场上会避开兵器的锋芒，不被兵器所伤。

“夫何故也？以其无死地焉。”什么原因呢？是因为他们会注意保护自己，会有意识地避开危险的境地。注意，这里说的不是有意逃避、不参与、不卖力等，而是有能力躲避。这种能力的来源就是遵从道学的精神，能看准时机、顺应大势，以不变应万变，所以能把损失降低到最小。

第五十一章

道生之，而德畜（xù）之；物形之，而器成之。是以万物尊道而贵德。道之尊也，德之贵也，夫莫之爵，而恒自然也。故道生之，德畜之。长之、育之、亭之、毒之、养之、覆之。生而弗有，为而弗恃，长（zhǎng）而弗宰，是谓玄德。

【提要】本章论述了“道”与“德”的关系是“道”生“德”畜，“德”

和“道”一样都是顺势而为。

【新解】“道生之”说的是道生一，一生二，二生三，三生万物。所以万物都是从“道”而来，为“道”所生。

“而德畜之”，“畜”，畜养的意思。“德”养育着世界万物。好像婴儿出生后需要父母养育，才能逐渐成长一样。抚育幼儿有一本育儿经，包含各种步骤和一定之规。就好像“德”一样，也是有一定步骤的。只有沿着“德”的程序进行，幼儿才会正常生长发育。

“物形之，而器成之”，由于有了“道”和“德”，物质不但成长有形，而且有了成长的势头，长成一定的形状，就好像从婴儿成长为幼儿，又从幼儿成长为儿童，不断地成长着。

“是以万物尊道而贵德”，所以遵从“道”和“德”，事物就能顺利成长，体现了“道”“德”的可贵之处。

“道之尊也，德之贵也，夫莫之爵，而恒自然也。”“道”“德”不是人为的，而是遵循自然而成，顺势而为，这就是其可贵之处。“爵”，是古代的青铜酒具，属贵族阶层专属用品。这句说“道德”本身就很尊贵，这种尊贵是自然形成的，不像贵族们故意使用爵饮酒，以显示和抬高自己的身份。

“故道生之，德畜之。长之、育之、亭之、毒之、养之、覆之。”“长”，生长；“育”，养育；“亭”，长大；“毒”，治疗疾病；“养”，培养；“覆”，外出。这里是以孩子从培养、成长，到离开父母，独立成家等过程为例，说明万物循“道”而生后，在正常情况下必然遵“德”而长的一系列过程。

“生而弗有，为而弗恃，长而弗宰，是谓玄德。”“恃”，矜恃，以此为傲。“宰”，主宰，指挥。“玄”，高妙。《老子》第七十七章说：“是以圣人为而不恃，功成而不处，其不欲见贤。”有成绩后不要张扬、自我骄傲，而要敛锋。本句说，“道”生之，生万物后不据为己有。无为而无不为，取得成功而不傲慢。万物长成后，仍然让其自由自主发展而不去对它提出过多要求。这样的作为才是高妙的“德”。言下之意就是“德”和“道”一样，是顺势而为，而不是有意而为。这样的“德”才是真正的“德”，这才是“德”的高妙之处。

第五十二章

天下有始，可以为天下母。既得其母，以知其子；既知其子，

复守其母，没（mò）身不殆。塞（sè）其兑，闭其门，终身不勤；开其兑，济其事，终身不救。见（jiàn）小曰明，守柔曰强。用其光，复归其明，无遗身殃，是谓袭常。

【提要】本章说只有掌握了道学精神，知道顺其自然，才能心明眼亮，趋利避祸，才会有正常的人生。

【新解】“天下有始，以为天下母”，“道”生万物，所以为万物之母。世界上一切事物皆由自然规律发展而成，所以遵从自然规律，就应该尊“道”。

“既得其母，以知其子；既知其子，复守其母，没身不殆。”这里有两个含义：①因为母子关系中，子必从母而来，所以必须尊母，也就是尊“道”；②一母能有数子，子无母在，则还有继续生子的条件；若母殁，则后继无人。所以必须守母，也就是守“道”，才能万事不殁。

“塞其兑，闭其门，终身不勤；开其兑，济其事，终身不救。”“终身不勤”“终身不救”两词应该是同一语境，不宜前一个词解释为没有事、没问题，后一个词又解释为有事、有问题。这两个词，都是不用去勤，不用去救。因为“道”讲究无为，不要去勉强别人做什么、不做什么，凡事只要顺势而为就行。无论别人是“塞其兑”，还是“开其兑”，“道”者只要顺势“闭其门”“济其事”就可以了。不要喋喋不休去教化、限制别人，也不要在意事情的变化而强制改变别人。

本句也有两个意思：

1.从卦象上说。兑，兑卦，☱，上为一阴，下为二阳。表示泽，就是上面有水，下面是土地。①“塞其兑，闭其门”，上面组成阴的两横，闭合起来成了一横，就变成了阳，三阳就成了乾卦☰。“天行健，君子自强不息”，所以不用为他操心。②“开其兑”，将兑卦继续向下打开，这样下面的二阳都变成了阴，成为坤卦☷。“元亨，利牝马之贞。君子有攸往，先迷后得主，利”，意思是很顺利，应当像牝马一样坚持下去。君子应当有所作为，先迷惑后得到主导，有利。所以终身都不用去担心他、解救他。

2.从字义上说。《易 · 说卦》：兑为口；《易 · 序卦》：兑者说也。①不要过多地说教他，使他安心闭门修养，不用走南闯北，终身都不用操心。从道学的角度上说，“塞其兑”应该是指闭门修炼气功。②让其多说多做，亲身实践，这样就能处理好事情，遇见困境能迎刃而解，所以终身都不用去担心、解救他。从道学的角度上说，“开其兑”，应该是指出门修炼太极拳、五禽戏、八段锦等有明显动作的活动。

本句就是说，无论“塞”或“闭”，都是尺有所短，寸有所长，无论做什么只要发挥其长处就行，老师的任务就是因材施教，顺势引导。若其“塞其兑”，我们就帮助他“闭其门”；若其“开其兑”我们就帮助他“济其事”，而不用去强制改变。

“见小曰明”，“明”，日月也，也就是历经日积月累的观察，即从小开始长期观察，就能明了。观察一个人的小处，就能知道一个人的大处。就像常说的，三岁看大，七岁看老一样。这是前句“以知其子”的延续。若是从小看大，是可以了解这个孩子的。

“守柔曰强”，守住柔弱的部分，不让其受到攻击，这样就处于强势。这句也是前句“复守其母”的延续，说明母与儿相比属于弱者，要孝敬长者，这样的人才是真正的强者。

上两句说明“道”生万物，尔后万物也必然会遵从“道”的精神，这样，事物就能顺利发展。

“用其光，复归其明，无遗身殃，是谓袭常。”“袭常”，沿袭的常道，指常规。最早应该是指气功的一系列变化。修炼气功一段时间之后，会“开天眼”，在印堂部位出现一束光亮，此时可以运用这束光亮，沿着经络观察人体内部环境，这样就能十分了解自己五脏六腑的状态、气血运行情况、疾病有无状况，可以随时采取措施予以预防。这就好像身体内部也有光明一样。

这句话是本章的总结，说真正掌握了道学之人，就好像开了天眼一样，能看清世界上一切事物的本质，所以就不会遗祸自身。只有这样的人生才是正常的人生。

第五十三章

使我介然有知，行于大道，唯施是畏。大道甚夷，而民好径。朝（cháo）甚除，田甚芜，仓甚虚。服文彩，带利剑，厌饮食，财货有余，是为盗竽。盗竽，非道也哉！

【提要】本章强调了尊“道”就应该想百姓所想，不能为私心、走捷径，那样就与盗贼无异。

【新解】“使我介然有知，行于大道，唯施是畏。”“道”使人们了解了自然的发展规律，遵从道学的精神，就好像人行走在光明的大道上。但是要让他人也能全面了解“道”的精神，却是非常不容易的。

“大道甚夷，而民好径。”就好像大的道路，行走起来非常方便，但是一部分人却爱走捷径，不能遵从道学的精神。

以上说到了百姓由于习惯势力的影响，遵循道学思想是很不容易的事情。

“朝甚除，田甚芜，仓甚虚。”这里说了三个国家、社会的大问题。一是“朝甚除”，“除”，就是去除，就是指朝廷人才空虚；二是“田甚芜”，就是田园荒芜，指人力空虚；三是“仓甚虚”，就是仓库空虚，指物质缺乏。这里从人才匮乏、人力匮乏、物质匮乏三个方面来说，“道”与非“道”将如何对待它，所以后文才有一系列对比和结论。

“服文彩，带利剑，厌饮食，财货有余，是为盗竽。盗竽，非道也哉！”“盗竽”，应该包含“盗贼”与“滥竽充数”两重意思。国家和社会处于贫穷困苦的时候，有些人却穿着耀眼的衣服招摇过市，身上携带着宝光四溢的佩剑到处炫耀，灯红酒绿，享受美味食物，家中聚集着数不清的钱财。这些人表面冠冕堂皇，实际非骗即盗。这些做派都不是遵从道学之人所应该有的表现。

以上说明在国家、社会极度贫乏的时候，就应该认真学习道学精神，顺势而为，共同奋斗；而不应贪图个人享受，将不义之财据为己有，更不能以此炫耀。正如林则徐所说：

力微任重久神疲，
再竭衰庸定不支。
苟利国家生死以，
岂因祸福避趋之。

第五十四章

善建者不拔，善抱者不脱，子孙以祭祀不绝。修之身，其德乃真；修之家，其德乃余；修之乡，其德乃长（zhǎng）；修之邦，其德乃丰；修之天下，其德乃溥（pǔ）。故以身观身，以家观家，以乡观乡，以邦观邦，以天下观天下。吾奚以知天下之然哉？以此。

【**提要**】本章论述了“德”的重要性，以及如何推广“德性”。

【**新解**】“善建者不拔”，善于建造房屋者，这座房子是不会倒塌的。

这句话说，万丈高楼从地起，只有地基坚实才行。①道学才是这个坚实的地基，我们必须遵循道学的精神才会健康成长、发展。②做事不能急于求成，必须踏踏实实一步一个脚印，才会处于不败之地。

“善抱者不脱”，善于拥有者所拥有的东西是不会丢失的。

《易传》中说：“地势坤，君子以厚德载物。”只有厚德，才能引来福报。人们所拥有的财富、智慧、地位，只有在相应的“德”的承载下才能承受。若是德不配位必然引来殃灾。这在现实中已经司空见惯。为什么那么多年轻人英年早逝？为什么有些官员一升迁就得重病？为什么有人家里刚盖完房子，人就遇祸身亡？为什么贪来的钱财堆积成山，却没命享受？这些多是他们的“德”单薄，承载不了这些东西。从“德”的角度上说，这些人平时没有积德，没有顺从自然规律行事，看起来有所获得，实际上对自己和家庭的损害更多，埋下的隐患更多，所以有命挣，无命花。

我认为，每个人的福报就像一个“1”，看起来没有什么区别，但你的“德”越厚重，这个“1”就越厚重，福报的内容就越多。中医说先天之本为“肾”，肾精是先天而来，父母所赐，看来都是一个“1”。人的一生都在使用肾精以生长发育。肾精衰竭，人就会衰老；肾精消耗殆尽，人就会死亡。若是你过多地消耗，甚至挥霍浪费，这个“1”很快就消除掉了，那么就会折寿；若是珍惜肾精，使其物有所值，这个“1”就会消除很慢，这样就能增寿。有一些人平时不重视身体健康，花天酒地，随意挥霍，以为病了只要找一位好医生就可以为其解决问题。实际上不是这样，医生也不是万能的。由于人与天相应，包含内容极其复杂，医学至今为止还不能对这些变化十分了解。而医生各有特长，水平不一，所以不是所有疾病都能治愈的。

“子孙以祭祀不绝”，子孙相承，祭祀香火，万世不绝。

这句话是上两句话的延续，说的是遵循“道”“德”的精神为人处世，福报除了个人长寿、家庭美满之外，还能子嗣延续、香火不绝。古人认为一般情况之下，断子绝孙是天道的最大惩罚，所以有此说。

“修之身，其德乃真”，王弼说，以身及人也，修之身则真。

这里说了两个方面：①自我修身，就是用“道”的精神要求自己，首先使自己要有一个好的“德性”，这种榜样的力量才是无穷的。②修身及人，将自己的修身成果推广给其他人。用自己的“德性”感动他人，由此及彼而使世界得道净化。

“修之家，其德乃余；修之乡，其德乃长；修之国，其德乃丰；修之天下，其德乃溥。”这句话说，道学在治国平天下的时候，也是很注重自我修身的。而“以其昏昏，使人昭昭”，这是不可能的。所以首先要求道家自我修身，然后将优秀的“德性”推而广之，推至“家”“乡”“国”“天下”。推广到全家，这样“德”的光辉就能影响其他家庭；推广到家乡，这样“德”的光辉就会发挥它的长处；推广到整个国家，这样的“德”就创造了丰功伟绩；推广到天下，使普天之下的人得到“德”的恩惠，这样“德”的功绩就能普照天下。

“故以身观身，以家观家，以乡观乡，以邦观邦，以天下观天下。吾奚以知天下之然哉？以此。”这里说的是，如何观察“德”的影响。只有亲身经历，深入实地，用实践和时间去检验真理。

第五十五章

含德之厚者，比于赤子。蜂虿（chài）虺（huǐ）蛇弗螫（shì），攫（jué）鸟猛兽弗搏。骨弱筋柔而握固。未知牝牡之合而朘（zuī）怒，精之至也。终日号而不嗄（shà），和之至也。精和曰常；知常曰明。益生曰祥；心使气曰强。物壮则老，谓之不道，不道早已。

【提要】本章说明“道”“德”的精神能影响人的心理，使心理变得强大，从而使身体强壮。

【新解】“含德之厚者，比于赤子。”“赤子”，纯净的人。《孟子·离娄下》：“大人者，不失其赤子之心者也。”能成就大事的人物，总会有善良、纯朴、率直的品质。“德”性越厚实，人的品质就越纯朴。这种纯朴，不是什么事情都不明白，而是有一颗真诚的心。

“蜂虿虺蛇弗螫，攫鸟猛兽弗搏。”“虿”，指蝎子。“虺”原指蛟龙，如《述异记》说，虺五百年化为蛟，蛟千年化为龙，龙五百年为角龙，千年为应龙。这里泛指长蛇状的动物，如毒蛇之类。这句话的意思是，有毒之猛兽，也不会去伤害有纯朴之心的人。以上说法看起来好像有点离奇，但从中医“正气存内，邪不可干”这个角度理解，也不是没有道理。

中医所说的外邪六淫，瘟毒疫疠，与外界的毒蛇猛兽一样，都是能伤害人体的致病、致伤因素。如《素问·刺法论篇》在防疫时说："黄帝曰：余闻五疫之至，皆相染易，无问大小，病状相似，不施救疗，如何可得不相移易者？岐伯曰：不相染者，正气存内，邪不可干，避其毒气，天牝从来，复得其往，气出于脑，即不邪干。气出于脑，即入室先想心如日。"心中想象有红日高照，这时人体的抗病能力就能得到充分发挥。治疗疫病时，如何防疫？该篇说"欲将入于疫室，先想青气自肝而出，左行于东，化作林木。次想白气自肺而出，右行于西，化作戈甲。次想赤气自心而出，南行于上，化作焰明。次想黑气自肾而出，北行于下，化作水。次想黄气自脾而出，存于中央，化作土。五气护身之毕，以想头上如北斗之煌煌，然后可入于疫室。"过去很多解释也都认为这属于巫医的范畴，是不可能真实存在的。实际上，古代很多人修炼气功，充分发挥气功的能量，调动人体内的抗病能力（现代称之为免疫）是有可能的。古往今来很多得道的教主，或得道的高僧，终身没有疾病，多高寿而终，应该与其内在的这种能量有关。所以我认为，在我们还没有能够证实其中是非的时候，不要随便凭个人想象去决定它的真伪，予以取舍。

"骨弱筋柔而握固"，筋骨柔软的时候，双手才能握得十分紧。在修炼气功，练习太极拳、八段锦的时候，很重要的一个内容就是拉伸筋骨。筋骨柔软和筋骨柔弱是不一样的。中医认为肝主筋，肾主骨，筋骨柔软是气血充足调和的表现；筋骨柔弱则是肝肾之气不足。肝肾之气充足，力量才会充足。这里所说的骨和筋，指肾之阴与肝之阳，在人体中是非常重要的阴阳相合的内容。天地"道""德"之间和睦协调，才能有能力促进事物的发展。

"未知牝牡之合而朘怒，精之至也。""朘"，指男性生殖器；"朘怒"，指男性生殖器勃起。人在发育阶段，并没有男女交合的经历，而生殖系统会有所变化，是因为人之精成熟的原因。如《素问·上古天真论篇》所说："女子七岁，肾气盛，齿更发长。二七而天癸至，任脉通，太冲脉盛，月事以时下，故有子。丈夫八岁，肾气实，发长齿更。二八，肾气盛，天癸至，精气溢泻，阴阳和，故能有子。"说明只要天癸来到，人体就会有生理性的变化，并非是因为有了男女之事的原因。

这句话是说，道为天，天为阳，故这里将其称之为牡；德为地，地为阴，故将其称之为牝。世界在混沌状态之下，无极之所以能生太极，就是因为其中有能引起动态的因素。在无极的时候，其内已经有阴阳两个方面的物质，由于日出月落的动态影响，这两个方面的物质相遇后会相互吸引和对立，开始有一定的萌动。所以在还没有出现阴阳真正交合的时候，在混沌状态下，这些动态的表现就已经开始出现了。从根本上说，在世界万物出现前，“道”与“德”就因为已经有了日出月落的相互作用，其后才有了世界万物。因此“道”和“德”才是人间精华。

“终日号而不嗄，和之至也。”一天到晚呼号（这里指唱歌、吟诗等）不止，嗓子也不会坏掉，这是因为此人对气的运用娴熟而到位。这句话强调了一个“和”字，阴阳之间互相交合的气，道学称之为“和气”或“冲气”。正如和风生细雨、风雨长万物一样，只有“道”“德”交合，才能万事不废。天地之间，阴阳交合，和谐融洽，一切事物都能顺理成章，不会出现偏差和阻碍。

“精和曰常；知常曰明。”知道“和气”的存在，就能知道正常的表现；知道什么是正常的表现，就说明心里非常明白。

“益生曰祥；心使气曰强。”有益于万物的生长，就是祥和的表现；心能主使神气，能使自己变得强大。

以上两句说明，只要有了赤子之心，不仅百虫不侵，还能使自己神志清楚，应对自如，从容处理各种事物。

“物壮则老，谓之不道，不道早已。”事物发展、壮大、茂盛的时候，就会开始走衰，这本是正常表现。假若说这也是不符合道学精神，那就错了，要是真正不符合道学精神，那就不是从盛到衰，而是过早死亡。

这句话是本章的一个反诘。若道学那么好，为什么也会有不佳表现呢？本章最后一句就是回答，认为一切事物只要是顺从“道”“德”，就是具有赤子之心，都能成长壮大，和谐发展。但事物发展到一定的阶段，也会出现从壮到衰，出现某些不佳表现，这是符合道学精神的。要是不符合道学精神，那就不是从盛到衰，而是直接到死，也就没有不佳表现这一阶段，而是突然死亡。

第五十六章

知（zhì）者弗言，言者弗知（zhì）。塞（sè）其兑，闭其门；挫其锐，解其纷；和其光，同其尘，是谓玄同。故不可得而亲，亦

不可得而疏；不可得而利，亦不可得而害；不可得而贵，亦不可得而贱，故为天下贵。

【提要】本章用气功修炼的道理，来说明道学是天下最有益、最可贵的学问。

【新解】“知者弗言，言者弗知。”“知”，智。指有智慧的人不用多说就能明白；没有智慧的人，说也没用。民间常说：快马不用鞭催，响鼓不用重槌。对于聪明人，凡事点到为止。这句话的意思是遵从道学的人，应该是有智慧的人，所以对他们不用多讲就能理解道学精神。而那些怎么说也听不进去的人，一般的说教没有用，需要反复、耐心、有针对性地进行讲解才行。

“塞其兑，闭其门”，与本书第五十二章“塞其兑，闭其门，终身不勤”意思相似。此时从兑卦☱变为乾卦☰，阳气充盛。从字义上解，为长年闭口不谈，闷坐家中，修行打坐，身体必然积聚了太多的气，也必须运行较多的气。

“挫其锐，解其纷”，因为体内的气充斥过甚，所以需要即时舒展，使过甚的冲动得到缓解，纷乱的气机得到调和。

“和其光，同其尘”，调和气之间的光芒，协同气之间的阻碍。

以上三句，是以修炼气功作比喻，对第五十五章“物壮则老”进行进一步解释，说明为什么道学在发展过程中也会有偏差，以及如何理解、修正这些偏差，也是对道学的内容进行讲解。尤其是对不相信道学的人，在讲解时更需要注意。其中第一句讲气功的修炼方法，第二句、三句讲气功的调理方法，在本书第四章也出现过。修炼气功是借天地之气对人体之气进行修为。正常的气功修炼对身体是有益的。但在修炼过程中也会因各种原因会出现一些偏差，这就需要我们即时进行调理，否则就会走火入魔而影响身体健康。

《素问·至真要大论篇》从病理的角度上说，由于天地阴阳的变化，会引起人体阴阳气机的变化，从而产生疾病，并且归纳为病机十九条。“愿闻病机何如？岐伯曰：诸风掉眩，皆属于肝；诸寒收引，皆属于肾；诸气膹郁，皆属于肺；诸湿肿满，皆属于脾；诸热瞀瘛，皆属于火（心）；诸痛痒疮，皆属于心（火）；诸厥固泄，皆属于下；诸痿喘呕，皆属于上；诸禁鼓栗，如丧神守，皆属于火；诸痉项强，皆属于湿；诸逆冲上，皆属于火；诸胀腹大，皆属于热；诸躁狂越，皆属于火；诸暴强直，皆属于风；诸病有声，鼓之如鼓，皆属于热；诸病胕肿，疼酸惊骇，皆属于火；诸转反戾，水液浑浊，皆属于热；诸病水液，澄彻清冷，皆属于寒；诸呕吐酸，暴注下迫，皆属于热”。可见天地之气和人体之气，在不协调的时候就容易产生疾病。修炼气功也是这样。修炼气功可使气机运化正常，若中途出现误差，就会产生内六淫，所以也应该给予修正，否则就会出现疾病。

治疗这些阴阳气机变化的原则是“谨守病机，各司其属，有者求之，无者求之，盛者责之，虚者责之。必先五胜，疏其血气，令其调达，而致和平。此之谓也”。这和本章所说的“挫其锐；解其纷；和其光，同其尘”有异曲同工之妙。所以说“是谓玄同”，就是修炼气功和“道”一样，是既玄妙又相同。

“故不可得而亲，亦不可得而疏；不可得而利，亦不可得而害；不可得而贵，亦不可得而贱。”有人因为不容易得到而感到它的亲切；有人由于得不到它而觉得很遥远；有人有得来不易的感受而倍觉受益；有人体会不到它的好处而生怕受害；有人觉得其不可多得而弥觉珍贵；有人不会使用而觉得它没有什么用处。

这里用了6个“不可得”，来说明道学与不同人群有“亲疏”“利害”“贵贱”的微妙关系。也就是不同人群对道学会有不同感受，这是很正常的。正因为有这些差别，说明道学是智慧者的学问，是天下最难能可贵的。

第五十七章

以正治国，以奇用兵，以无事取天下。吾何以知其然哉？以此。夫天下多忌讳，而民弥贫；民多利器，而邦家滋昏；民多知慧，而邪事滋起；法令滋彰，而盗贼多有。是以圣人之言曰：“我无为而民自化，我好静而民自正，我无事而民自富，我无欲而民自朴。”

【提要】本章说明以“道”治国才是正治。

【新解】“以正治国，以奇用兵，以无事取天下。”“正”，指正面，即光明正大。“奇”，奇怪，异于正常。“无事”，指安定。要以光明正大的方法治理国家，用不同于寻常的方法用兵，以国家安宁为目标。

治国与治兵是不一样的，而无论如何治理，国家安宁是最主要的，而安宁国家的方法就是“道”。《孙子兵法》也说：“一曰道，二曰天，三曰地，四曰将，五曰法。”这里说的“道”，就是“令民与上同意，可与之生，与之死，而不畏危也”。即使用兵，也要顺应民意，顺应圣意，也要符合道学精神。

以“道”治国，虽说用兵是不得已而为之，但在某些特殊时期必须用兵，且一旦用兵，取胜就是主要目的。所以将治国称为正，用兵称为奇。二者都需要认真去做，目的是达到天下无事。所以即使用兵，也同样符合道学的精神。

伊斯兰教的《古兰经》也说：“被进攻者，以获得反抗的许可，因为他们是受压迫的……你们应当为主道而战斗你们的人，你们不要过分，因为真主必定不喜爱过分者。”所以战争的唯一原因是必要性的自卫，捍卫信仰，保家卫国，保护当地居民安居乐业。伊斯兰教不许可人们在战争中有过分的行为。在这方面，《道德经》与《古兰经》有相当一致的地方。

“吾何以知其然哉？以此。”我怎么知道“道”的精神呢？就是从此处而来。道学精神包含“正”“奇”两个方面，以正为主，以奇助之。无论使用哪个方面，开始时都需要顺从民意、圣意，最终要达到天下安宁的目的。

“夫天下多忌讳，而民弥贫”，“忌讳”是指管理国家时制定的管理条例太多。百姓动则受制，不能发挥每个人的积极性，生产力得不到发挥，生产成果日渐减少，所以百姓一定会越来越贫乏。

以上说明国家管理并制定一些条例，这是正常需要，但在管理方法上要有所不同。①由于百姓的生活情况千变万化，条例不可能那么全面广泛。还会有很多条例之外的事情如何鉴定？就只有由管理者再一次来认定。如果百姓做所有的事物都得让管理者认定可否，百姓就会无所适从，因为可能会出现动则取咎的结果。那么老实的人就只好不动；调皮的人不停地乱动；不守规矩的人会打擦边球。管理者公事积累如山，忙得不可开交，即使不挂一漏十，结果也会欲治反乱。②制定的条例只限制百姓不能做什么，没有限制的就都可以去做。这样，百姓就明白该做什么，不该做什么。管理者权限明确，处理起来也简单。我觉得这样做与“道”的无为而无不为之精神更接近。

“民多利器，而邦家滋昏”。“利器”，王弼解释为“利己之器”；苏辙解释为“权谋”；还有人解释为武器。这里说百姓要靠自己保护自己，就会使出千奇百怪的方法谋生，这样国家的管理就会增加难度，往往抓一漏十，昏招百出。

“民多知慧，而邪事滋起”，百姓一旦不能正常获得生活保障，就会想出很多另类的方法，所以奇怪的事情就会迭出不穷。

在社会转型的时候，若百姓不能以正常工作获得利益，那就会出现不正常现象。比如古代盐业是国家控制，利益丰盛。百姓在困苦不安的时候就只能铤而走险，出现大量走私盐的强人。有人说世上没有办得成的事，那是因为你没有办法；世上没有办不成的事，那是因为你有办法。所以“办法”百出，见怪不怪。

“法令滋彰，而盗贼多有”，法令不停地增加，内容越写越明白，其结果反而是盗贼更多。本句说不按照“道”的精神去处理事物，法令越多，管理的范围越宽，其结果只会越来越严重。普通百姓的生存空间越来越少，而“调皮捣蛋”的却管不了，不守规矩的还管不住。管理者捉襟见肘，最后必然是官逼民反，百姓只能铤而走险，所以盗贼蜂起。

故圣人云：“我无为而民自化，我好静而民自正，我无事而民自富，我无欲而民自朴。”这就是结论。

第五十八章

其政闷闷（mēn），其民淳淳（chún）；其政察察，其民缺缺。祸兮福之所倚，福兮祸之所伏。孰知其极？其无正邪？正复为奇，善复为祆，人之迷也，其日固已久矣。是以圣人方而不割，廉而不刿（guì），直而不肆，光而不耀。

【提要】本章主要论述了事物是在不断变化中，只有注重“德”的影响力，才不会误入歧途，才能达到预期的发展目标。

【新解】“其政闷闷，其民淳淳”，“闷”，不吭声，不声张；“淳”，淳朴。这里说到政与民的第一种关系，就是施政不要过分张扬，宜粗不宜细，抓住主要矛盾就行。这样百姓既有法可依，又有自由发展的空间，就不会去妄想妄作，所以会思想单纯，行动朴实。

“其政察察，其民缺缺”，“察”，细致观察；“缺”，缺损。这里说到政与民的第二种关系。施政时，政出多门，必然繁杂而乱。往往是明察秋毫之末，而不见舆薪。百姓事无巨细都要寻根问底，以免犯错，缺失主动空间，容易出现如王弼所说“殊类分析，民奸争竞”的现象。即现在所说的上有政策，下有对策。人心就会变得复杂起来，意外之事也会多起来。《左传·成公十六年》就说："鲁之有季孟，犹晋之有栾范也，政令于是乎成。今其谋曰：'晋政多门，不可从也。'"

"祸兮福之所倚，福兮祸之所伏。"这是现在常被引用的一句话，说明福祸在一定的条件下是会互相转化的。好事可以变成坏事，坏事也可以变成好事。这是从"德"的角度上说的。同样的事物在发展程序上出现了偏差，没有按照应该有的"德"程序进行，其发展方向就会转变，出现不可预计的后果。这句话教导我们在顺利的时候不要掉以轻心，在困难的时候不要灰心丧气。只要我们因势利导，就能转被动为主动，重新获得成功。

正如医疗一样，如抗高血压药对高血压病有一定的控制作用，能使人血压保持正常，有人就以为是福星高照、万事大吉。但抗高血压药是控制而不是真正解除高血压病，从病情的角度上说，高血压病还在隐性发展，到一定的时候一旦控制不住，则会引起恶性后果。这就是"福兮祸之所伏"的一种表现。所以我提倡在服用抗高血压药的同时，还必须同时服用中药方剂治疗高血压病，以治标为辅、治本为主。类似这样的病情还很多，这时也是需要顺德的时候，值得我们重视。

"孰知其极？其无正邪？"怎样判别他们走到了极端呢？就是看他们是否还存在着正。阴极反阳，阳极反阴，事物到了极端，就会走向它的反面。比如人的正常体温应该在36.5℃左右，高于或低于36.5℃，就不正常。而发热时温度若超过了42℃，或突然降温在35℃以下，就走向了极端，人就可能会死亡。这些都是通过正常来观察不正常的情况。但要注意的是，这些指标都是相对的，而不是绝对的。指标虽然可以划分正常与不正常，但因为各种条件的不断变化，有可能有新的情况出现，所以不要把它绝对化。

"正复为奇，善复为祅"，"祅"，古与妖通用，为物极必反的意思。正和善虽然是很好的，但水清则无鱼，人至察则无徒。所以从道学的认识上讲，正也有可能变为奇，善也有可能变为妖，走向它的反面。这里再一次说到了福祸转换的可能。

"人之迷也，其日固已久矣"，百姓看到福祸、正奇、善妖，会互相之间不断地转化，但却长时间不理解其中的道理。

"是以圣人方而不割，廉而不刿，直而不肆，光而不耀。""割"，灾害；"刿"，刺伤；"肆"，放纵；"耀"，眩目。"方而不割"，因为方正的东西是有角的，再好的政策也会伤及某些人，所以这里提醒圣人不要因为自己方正而伤害了他人。“廉而不刿”，因为朝廷之上，官员众多，可能不是人人廉洁。他人廉洁，反而可能让某些人惊心动魄，所以圣人也必须小心。“直而不肆”，自己正直，但要注意克制，不要让别人受到伤害。“光而不耀”，自己发光发热，但要注意不能让别人感到炫目耀眼。

因为事物在不断地变化，而且可能是向它的相反方向变化。所以圣人在处理事物的时候，要遵从“德”的程序顺德而为。不因自己的方正原则而给他人造成伤害，不因廉洁而对别人进行攻歼，不因直率而放肆，不因获得光彩而故意炫耀。

第五十九章

治人事天莫若啬（sè）。夫唯啬，是以早服。早服是谓重（zhòng）积德。重积德则无不克，无不克则莫知其极。莫知其极，可以有国。有国之母，可以长久。深其根，固其柢（dǐ），长生久视之道也。

【提要】本章再一次强调了“德”的重要性，凡事必须顺德而为。认为只有“德”深入人心，才是长治久安的保障。

【新解】“治人事天莫若啬。”“治人”，管理百姓；“事天”，敬尊天道；“啬”，古同“穑”，收割庄稼。这里说管理百姓和敬尊天道，与田间稼穑有相同的道理。这样把“道”的精神落实在具体事物上，使人们更容易理解“道”的精神。

“夫唯啬，是谓早服。”稼穑的要点是及早准备，顺应天时，抓住季节，不误农时。

“早服是谓重积德。”“重”，重视；“积德”，积累德行。在顺德之时，要按照德的程序一步一步地走，这样积累下来才会出现预期效果。这样的做法才是“早服”。

“重积德则无不克”，重视德行，就能顺利成功，就没有不能做到的事情。

“无不克则莫知其极。莫知其极，可以有国。”“莫知其极”，不要去知道和考虑它的最终结果是怎样。这句话是说当圣人能顺从德行的时候，是没有办不成的事。这时不要去想其最终结果会怎样。因为，在某些特殊情况之下，会有物极必反的可能。所以有人因此就会谨小慎微而缩手缩脚。这里说只有具备了忘我、无我的精神，这样的人才可以被赋予国家的重任。

“有国之母，可以长久。”“母”指“德行”。担当国家重任的人，必定要有“德”作为其指导，这样国家才可能长治久安

“深其根，固其柢，长生久视之道也。”德行扎根于人们心中，就不会忘怀，做事就有了依据，就有了长治久安的基础，体现了“道德”的作用。

第六十章

治大国若烹小鲜。以道莅（lì）天下，其鬼不神。非其鬼不神，其神不伤人。非其神不伤人，圣人亦不伤人。夫两不相伤，故德交归焉。

【提要】本章说治理国家的要点是尊“道”从“德”，以民为本，简政放权，互不相伤。

【新解】“治大国若烹小鲜。”“烹小鲜”，苏辙解释为：烹小鲜者，不可挠。烹煮小鱼不要反复翻动。因为小的鱼类，肉质较嫩，骨骼较软，反复翻动就容易翻碎，影响口感。这句说治理国家，要像烹煮小的海鲜一样，不要动作过于繁杂。发布条文不要经常反复出台，想干的事情不要一下子弄得太多。这样就不会扰民，民能安身立命，社会和谐。也就是常说的办事要抓主要矛盾，不要面面俱到。解决了主要矛盾，次要矛盾就会迎刃而解。这样管理者能有序管理，百姓能有序生活。

“以道莅天下，其鬼不神。”这里说用“道”的精神管理国家，国家就会平安无事，就不会出现不可理喻的事件，即使有某些特殊情况，也不会闹得神魂颠倒。因为这时国泰民安，身心健康，鬼怪自然见而远之。

“非其鬼不神，其神不伤人。”不是鬼怪不能出来活动，而是“天地有正气，杂然赋流形”，百姓精力充沛、神气飞扬，既不会被鬼怪所伤，也不会有精神方面的病变。

中医认为肝气宜条达，不宜压抑，而肝为将军之官，与人的情绪变化密切相关。一旦情绪压抑，就容易生病。古代一般妇女因地位较低，所以情绪多有抑郁。如妇女热入血室证，就因妇女素有情绪压抑，感冒之时，又适逢月经，邪气乘子宫空虚而进入血液之中。月经突然停止，邪气留在胞宫，就出现“白日了了，夜如见鬼状”的精神症状，所以调理肝气就很重要。现代

人工作紧张，互相关心较少。如父母与孩子交流较少，一些孩子会出现小儿抑郁症，发生神志变化，有如鬼神所差。这些疾病的根本原因都是为神所伤或神被所伤。

“非其神不伤人，圣人亦不伤人。”神不伤人，是因为国家和百姓都能和谐安定，人神合一，两不相伤。圣人不伤人，是因为圣人能尊“道”从“德”，能以人为本，主仆融洽，故互不相伤。

中医认为神伤人有两种情况，都是由于阴阳之间出现了不协调，不和谐而致。①由于天人相应，天之神发生异常变动的时候，人神不能相适应。如异常天象时，以及天灾或出现剧烈变化的异常天气时，人体无法适应，就容易生病。中医认为九星悬朗，七曜纬虚会影响天气的变化，从而引发人体的变化。如《素问·天元纪大论篇》说：“九星悬朗，七曜周旋，曰阴曰阳，曰柔曰刚，幽显既位，寒暑弛张，生生化化，品物咸章。”如“甚则忽忽善怒，眩冒巅疾。化气不政，生气独治，云物飞动，草木不宁，甚而摇落，反胁痛而吐甚，冲阳绝者死不治，上应太白星。”②人神不能管理或协调人身其他神气，如出现夜游症、癫痫狂、妄想症、抑郁症，或其他各种神经等。急性病中如心脏节律变化、骤停，或某些低蛋白、低血糖的突然晕厥等。

《周易》也对天气阴阳的变化及其对人间的影响很重视，说“天垂象，见吉凶”“观乎天文以察事变”。其认为观天文能预测人世间的变化，而且通过天文现象来预测国事、人事、军事的变化等；认为每发生大的天气异相就会有重大事件发生，甚至成为后世如《推背图》等预测学的基础。国外一些预测学者也都主要以天象变化为依据。

国外在天文观察上也认为木星、冥王星合相有如神一样，将预示着世界发生重大变化——科学的发现、戏剧性的政治改革或病毒的爆发和治愈。木星奖励乐观，冥王星尊重决心；木星喜欢扩张，冥王星喜欢深沉。二者就好像阴阳一样，一旦相合，会产生出巨大能量，创造出新的改变和新的生命现象。

“夫两不相伤，故德交归焉。”神与人，圣人与百姓两不相伤，是“德”能归位的原因。也就是“德”能为民所用，为圣人所尊，如同走上了一条康庄大道，故能让“道德”与人生交相辉映。

第六十一章

大邦者下流也。天下之牝，天下之交也。牝恒以静胜牡，为

其静也，故宜为下。大邦以下小邦，则取小邦；小邦以下大邦，则取于大邦。故或下以取，或下而取。故大邦者，不过欲兼畜（xù）人；小邦者，不过欲入事人，夫皆得其欲。则大者宜为下。

【提要】本章说明了阴生阳长、以静制动的关系，并以此说明大小、强弱之间的关系，进而说明如何建国立命，还强调了遵从水“德”的重要性。

【新解】“大邦者下流也。”“大邦”，指国家土地辽阔，也指圣人的胸怀宽广。“下流”，指河流下游的流域。这里说要想成为一个负责的大国或圣人，就要像河流的下游流域一样，能容纳百川。这样水流才会充沛，收纳之物才会更多，发挥的作用才会更大。国家要有一定的国土面积，圣人要有博大胸怀，才能海纳百川，欣欣向荣。这是从“上善若水”“地势坤，君子以厚德载物”的思想发展而来的说法，强调了水之“德”。

“天下之牝，天下之交也。牝恒以静胜牡，为其静也。”“天下之交”，指天地阴阳交合，只有这样才能生万物。“天下之牝”指天地交合之时，牝所起的作用很大。

中医认为阴阳的关系是“阴在内，阳之守也；阳在外，阴之使也”。朱丹溪曾说人体中阴阳是“阴常不足，阳常有余”，所以很多疾病的发生与阴不足有关。人体内cAMP（环腺苷酸）和cGMP（环鸟苷酸）相互拮抗，相互制约。cAMP的作用类似中医的阳，cGMP的作用类似中医的阴。但cGMP在体内的含量很低，最多只有cAMP的2%~10%。因为阴很少，所以阴只要有一点损失，影响就会很大。可见阴是处于主导地位的。即使是阳不足，也多从阴治阳。如以肾阳虚为主的时候，只要不是很紧急的病症，一般也采用六味地黄丸，从阴补阳，以阴平阳。阴主静，阳主动，阴静则阳收，是一个普遍的规律。

“大邦以下小邦，则取小邦；小邦以下大邦，则取于大邦。”大邦对小邦谦卑忍让，就可以取得小邦的信任和依赖；小邦对大邦恭敬从命，就可以见容于大邦。这句话承接上句进一步解释大邦与小邦之间的关系。就像阴阳一样，阳看起来很强大，但没有阴的协调，就不能生长万物。一般来说大邦相对较少，小邦相对较多；大邦的负担重，小邦的负担轻，各有利弊。邦虽有大小，但各家都有一本难念的经，都需要有帮手。另外，千里之堤，溃于蚁穴，破坏总比建设容易，只要稍不注意，也可能出现阴沟里翻船的现象。所以大邦能包容，小邦能随和，这才是最好的结果。

“故大邦者，不过欲兼畜人；小邦者，不过欲入事人，夫皆得其所欲。”

王弼解释为："小国修下，自全而已，不能令天下归之。大国修下，则天下归之。故曰各得其所欲。"这里说大国和小国建国立命的内容不同。小国在大国间生存，由于国力原因，主要是为了保全自己，求得生存空间，目的不是为了号令天下；而大国为了称雄天下，需要各个国家从心里佩服自己，所以必须得到各国的认可。

"大者宜为下"，由于大、小邦各自的生存空间和生存目的不一样，大邦更要注意"下"的内涵，才会获得预期的效果。因此说大邦更要注重谦卑容忍，这样才能获得人心而得天下。

第六十二章

道者，万物之注也。善人之葆也，不善人之所葆也。美言可以市尊，美行可以加人。人之不善，何弃之有！故立天子，置三公，虽有拱璧，以先驷马，不如坐进此道。古之所以贵此道者，何也？不曰求以得，有罪以免邪（yé）？故为天下贵。

【**提要**】本章说明"道"博大精深，应该通过言传身教，去宣扬"道"的重要性和必要性。

【**新解**】"道者，万物之注也。"本句呼应了上章"大邦者下流"之说。"大邦"要像河流的下游流域一样，能容纳百川，这样才符合"道"的精神。说明"道"好像地处下游一样，一切均顺流而来，成就其海纳百川，无所不包。说明"道"博大精深，可以解决一切难解之事。

"善人之葆也，不善人之所葆也。""善人"不是指好人，而是指善于引导别人之人，如教父之类。这在本书第二十七章中已有解释。"不善人"，指不善于向百姓宣扬"道"的人，也就是言语表达能力较差，宣扬、感染能力较弱的人。"葆"与"保"通。葆、保、宝三字声近义通。《管子·正世》："窘则民失其所葆。"其释"葆"为"宝"。本句说"道"博大精深，所以传教人应以此为法宝，向百姓进行讲授，以使百姓得以受益。即使不是传教人，也要遵从"道"的精神自我修炼，从而有益于身心。

"美言可以市尊，美行可以加人。""美言"指宣扬"道"所说的内容；"美行"指按照"道"所进行的活动。本句说，"善人"宣扬"道"的精神，能获得百姓的遵从；"不善人"自己能遵从"道"的精神，也会促使百姓跟随。也就是我们常说的榜样的力量是无穷的，不言而教。

“人之不善，何弃之有！”百姓有不符合“道”精神的行为，也不要抛弃他们。言下之意，就是要主动和他们接近，用“美言”或“美行”去说服、感动他们，使他们回归到“道”的精神层面上来。

“故立天子，置三公”，“天子”即天之骄子，古代最高领导者，自认为受命于天，是代天行令，所以称之为“天子”。“三公”，西汉今文经学家据《尚书大传》《礼记》等书以为三公指司马、司徒、司空；古文经学家则据《周礼》以太傅、太师、太保为三公。总之，三公是指天子以下的最高官员。这句话说，在天子登基、大臣即位的时候将会有一定的仪式，以昭示天下。

“虽有拱璧，以先驷马”，“拱璧”，即拱手献上玉璧。古代认为玉璧有灵气、通人性、很尊贵，是帝王的随身物品，所以获得玉璧就说明天子是代天行命。“驷马”，四匹马驾驭的车，是有身份的人所坐的车。所以有君子一言，驷马难追之说。这句话说，举行圣典之时，首先会有人拱手将玉璧献给天子，仪式结束以后，有人牵来驷马之车，让天子乘坐游行，以昭示天下。这是古代登基仪式的一个内容。

“不如坐进此道”，本章认为，即使是天子登基，举行盛大的仪式，奉献如此贵重的物品，看起来很炫耀，还不如坐下来给天子、大臣们宣扬“道”的精神更有利于天下百姓。

“古之所以贵此道者，何也？不曰求以得，有罪以免邪？”本句说为什么古人这么重视“道”，不仅是国家、百姓需要它，它还能压制和消除人们心中的“魔鬼”冲动。这么宝贵的思想，一定“为天下贵”，即得到天下人的尊重。

第六十三章

为无为，事无事，味无味。大小多少，报怨以德。图难乎，其易也；为大乎，其细也。天下之难，作于易；天下之大，作于细。是以圣人终不为大，故能成其大。夫轻诺，必寡信；多易，必多难。是以圣人犹难之，故终无难矣。

【提要】本章说明宣扬“道”的精神，必须以德报怨，而且要讲究“大小多少”的方法。

【新解】"为无为，事无事，味无味"，其中第一个"为""事""味"字，是动词，即行无为之事，就是有为。"为无为"指"无为而为"；"事无事"，做无事的事情，也就是在处理事情的时候，尽量避免繁杂，使事情变得简单；"味无味"，使五味好像一个味道一样，不要迷惑于五味之中。这里主要是说，要善于行无为之事，做无事之事，尝无味之味。实际上讲的还是在处理事物之时，要按照"道"的精神去办理。正如《素问·阴阳应象大论篇》所说："是以圣人为无为之事，乐恬淡之能，从欲快志于虚无之守，故寿命无穷，与天地终，此圣人之治身也。"

本句说明：①无为不是什么事都不干，而是要有为；有为不是蛮干，而是要按照"无为"去处理，也就是行无为之事。②无事不是天下太平无事，而是经常有事发生，但是要按照简洁的方法处理。③无味不是真正没有五味，而是不要沉迷在五味之中。

"大小多少，报怨以德。""报怨以德"，即"以德报怨"，指别人怨恨你，甚至伤害你，你还是以正常、容忍的态度去对待别人。本句说，无论事情是大或是小，麻烦是多还是少，处理时都是一个样，都要"以德报怨"。王弼解释说："小怨则不足以报，大怨则天下之所欲诛，顺天下之所同者，德也。"苏辙解释说："其于大小多少，一以道遇之而已。"

为什么要以德报怨呢？①道学认为对待万事万物的正确处理方法，就是顺德。"怨"本身就是个人情绪不正常的发泄，是与"德"性相违背的情感，是不顺德，必然会有坏的结果。以怨报怨就不是知错改错的办法。所以要对其施展"德"的威力和感染力，对方回到正确"德"性上来。②对待对方的怨，也不能听之任之，让其反复发泄，不仅伤害他人，也会伤害自已。应该回报以"德"，向他宣扬"德"的精神和用身体力行的感染力去改变他。这样不仅事情能得到平复，还能使大家都受益。

"图难乎，其易也；为大乎，其细也。天下之难，作于易；天下之大，作于细。"希望解决疑难问题的时候，先从容易的地方开始；处理大问题的时候，先从细处着眼。

这里还说到了"以德报怨"的方法。①"以德报怨"不能一蹴而就。过于着急，往往适得其反。应宣扬"道"的精神，让"怨"回归到"德"，而且必须讲究工作方法，让对方能够接受。如从小处着手、从细微处着眼，分解矛盾，先易后难，依次处理问题，从而让对方逐渐感悟、适应、接受。②因为有些人或小集团是"江山易改，本性难移"，教化不了的时候也在所难免。

所以这里不仅说方法，还提出道家应该有坚持不懈、坚韧不拔的精神，无论成功与否，都要坚持下去。

医疗行为就是“以德报怨”的典型。人体患了疾病，说明就已经是受“怨”了。医疗就是要按照“德”性让邪造成的怨气消失，使人体回归到“德”性上来。无论疾病造成的“怨”大小多少，都要“以德报怨”。“急则治其标，缓则治其本”，中医认为急性病症应先治标，然后治本；一般情况之下都是要以治本为主。治本的要点就是先易后难，依次解决。比如消渴病（包括糖尿病），一般先解决上消，再逐步解决中消，最后解决下消。这样不仅能看见效果，而且循序渐进，有条不紊。若是三消急于同时解决，“胡子眉毛一把抓”，不分先后缓急，治疗效果反而不理想。

“是以圣人终不为大，故能成其大。”圣人虽然没有选择从大开始，但是最终能解决大的问题。

“夫轻诺，必寡信；多易，必多难。是以圣人犹难之，故终无难矣。”轻言许诺，最后往往实现不了；食言而肥，就会失去别人的信任。说的话不停地改动，会让人无所适从，也会产生很多不必要的麻烦。所以圣人从一开始就要考虑事情的困难，做好一定的思想准备，按照“德”的路径行走，最终才能解决疑难问题。

第六十四章

其安易持？其未兆易谋？其脆易判？其微易散？为之于未有，治之于未乱。合抱之木，生于毫末；九层之台，起于累土；千里之行，始于足下。为者败之，执者失之。是以圣人无为故无败；无执故无失。民之从事，恒于几成而败之。故曰：“慎终如始，则无败事。”是以圣人欲不欲，不贵难得之货；学不学，复众人之所过。以辅万物之自然，而弗敢为也。

【提要】本章认为做任何事情，首先应该对“德”程序进行考量和选择，只有顺德而行，事情才能成功。

【新解】“其安易持？未兆易谋？其脆易判？其微易散？”社会安定的局面，是那么容易维持的吗？事物还没有显示征兆的时候，是那么容易谋划对策的吗？身体是否存在脆弱的部分，是那么容易判断的吗？事情刚刚出现的时候，就一定能很快消散吗？

本章开始的连续四个发问，是提醒人们要像后文所说的“为之于未有，治之于未乱”，不要以为没有出现大问题之前，就掉以轻心；总以为小心谨慎是杞人忧天；总认为见怪不怪，其怪自败；即使有小问题也不影响大局等。而是要在还没有出现大的问题之前，就应该有所作为；在还没有出现大的动乱之时，就应该给予平复。这样才不会影响大局的稳定。

后文进一步说“合抱之木，生于毫末；九层之台，起于累土；千里之行，始于足下”，参天大树，也是从小树苗开始生长起来的；九层高台，也是一筐一筐的土垒起来的；千里之途，也是一步一步走出来的。即使是不起眼的事情，假若不予以重视，也会变成大的问题。

本句说明“德”的选择很重要。一旦开始选择错误，哪怕是一个小的错误，都会造成整个程序的走偏，后果就不会是我们所希望看到的。正如下棋一样，一步错，步步错，直到不可挽回。所以我们应该把起点当成终点一样看待。夫风生于地，起于青萍之末，千万要予以重视。

医疗就是非常重视毫末之变的。尤其是中医，伤寒病和温病在起始阶段症状往往非常相似，如流行性出血热属于温病范畴，开始症状和伤寒表证很相似，也是发热恶风、身体疲乏等，除了仔细问诊之外，还可通过脉象进行区分。若医生能力不足，问诊抓不到要害，脉诊也区分不了，而将其当成伤寒病，使用了辛温解表法，那么以后的治疗就会出现困难，尤其是在少尿期多容易死亡。西医也很强调诊断，诊断不明确，治疗就会发生偏差，后果令人担忧。所以病人往往在确诊前，到处求诊，也是这个原因。

“为者败之，执者失之”，有人认为这句话是本书第二十九章的内容，错简到此处。从前后连贯性看，本句确实不应该出现在此处。若此处是原文，那应该是脱了一个“不”字，应为“不为者败之，不执者失之”。不去观察细末的变化而随时予以纠正，事情就会失控。看见事情已经出现了偏差还不去纠偏，就会丧失纠偏的时机。

若是没有脱漏“不”字，那么本句的“为者”应该是指“有为”，“执者”应该是指“固执”。这样则可理解为看见细末变化后，不顺应自然而进行改变，是“有为”，即按个人意志去改变，会出现失败的结果；发现事情已经出现了偏差，还固执已见，就会丧失时机。

“是以圣人无为故无败；无执故无失”“无为”“无执”，指不要违背自然规律去强行改变，而是顺势而为，就不会出现失败和失误。

"民之从事，恒于几成而败之"，百姓办理一件事情的时候，往往会在即将成功的时候出现失误。言下之意，是指按个人意志而不按"德"程序办事，而又不能对微末变化进行察觉，所以事情往往很难办成。

"故曰：慎终如始，则无败事"，把起点当成终点一样对待，就不会出现失误。事情开始之前就要仔细观察事情发展的苗头，假若不符合"德"的程序，就能知道最终的结果肯定不好，所以要尽早进行改变。

"是以圣人欲不欲，不贵难得之货；学不学，复众人之所过。"所以圣人能想到一般人所不能想到的，不看重一般人所看重的，学习一般人不愿意学的知识，不会重复一般人已经犯过的错误。这与孔子所说的"不二过"意思大致相通。

尊"道"从"德"之人，以"道德"为准则进行思考，遵循自然规律；学习道学精神，遵循"德"的程序，以不为而有为。其所想所做与一般人不一样，所以才能不犯常人常犯的错误，才能树立崇高的榜样，才能感化他人。

"以辅万物之自然，而弗敢为也"这句话是对上文的总结。这一切都是遵从"道"的精神和"德"的程序而做的事情，是遵循自然规律的作为，是"无为"而为，不是"有为"而为。

第六十五章

古之善为道者，非以明民，将以愚之。民之难治，以其知之。故以知治国，国之贼；不以知治国，国之德。知此两者，亦稽（jī）式也，恒知稽式，是谓玄德。玄德深矣、远矣，与物反矣，乃至大顺。

【提要】本章说治理国家、百姓有两大法则：一是高压和欺骗；一是尊道顺德而行。只有遵循后一种法则才能长治久安。

【新解】"古之善为道者，非以明民，将以愚之"。关于"愚"字，本书写有三处。第二十章和第三十八章中的"愚"都是作者自己谦虚的自称，唯有此处的"愚"不是指自称。这里的"愚"字含义，应该与第三章所说"常使民无知无欲"中"无知无欲"的意思相近，请参看该章。这里的"愚"不是"愚昧"的意思，而是"愚朴"的意思。可参考第十九章"见素抱朴"，

第二十八章“常德乃足，复归于朴”。此处“愚”就是单纯诚恳、善良朴素的意思。若理解为统治者需要施行愚民政策，那么与《道德经》的本意不合。

本句是说，善于传授道学思想的人，不是要求百姓凡事都要辩出是非曲直，选边而站，而是希望授“道”后，百姓能够按照淳朴的“德”程序去生活。

“民之难治，以其知之”，治理国家的难处，在于如何让百姓真正知道“道”的精神，选择“德”的程序，而使之自觉执行。

这句话进一步说明，本章说的“愚”不是指愚民政策。因为治理国家，实施愚民政策相对是比较容易的。威慑之下，必有顺民。而实施威慑，对一个国家来说是不难的。但要让百姓了解而从心里接受“道”的思想，并心甘情愿拥护、顺从“德”的程序，才是比较难的事情。

“故以知治国，国之赋；不以知治国，国之德。”“知”有本作“智”。如第三十三章说“知人者智”，第十八章“慧智出，有大伪”。在《道德经》中“知”有两种含义，一是知道，二是智慧；“智”也有两种含义，一是智慧，二是欺诈作伪。

本句说到了两种治国的方式，一是“以知”，一是“不以知”。这里的“知”应该是指“恐怖高压”“欺诈作伪”。虽然高压之下，必有顺民，但百姓的压力增大，付出增多，国家却不一定能发展得好。只有顺德治国、治民，才能使国家富强，百姓幸福。

“知此两者，亦稽式，恒知稽式，是谓玄德。”“稽式”，法则、准则。“玄德”，高妙的德性。本句说治理国家、百姓有以上两种法则，了解这两种法则的不同，采用正确的治理法则，就能展现出“德”的高妙之处。

“玄德深矣远矣，与物反矣，乃至大顺”，采用高妙的德性去治理国家、百姓，其意义深远，影响持久。它将事物返璞归真，所以能符合自然规律而得“道”顺“德”。

第六十六章

江海所以能为百谷王者，以其善下之也，故能为百谷王。是以圣人之欲上民也，必以其言下之；欲先民也，必以其身后之。故居上而民弗重也，居前而民弗害也，天下皆乐推而弗厌也。非以其无

争与，故天下莫能与争。

【提要】本章认为圣人能以道学“居下”“居后”的思想进行管理，国家就能称雄于天下。

【新解】“江海所以能为百谷王者，以其善下之也，故能为百谷王”，江河能引导万流，大海能容纳百川，是因为它们的地势最为低下，最为空旷宽广，所以能成为川谷之首。

《道德经》中多次用谷来比喻“道”。如第二十八章“为天下谷”，第三十二章“譬道之在天下，犹川谷之于江海”。这也说明了“道”的特点如谷，空旷、低下，所以一能顺应，二能容纳。即“道”能顺应自然，又能包罗万象。

“以圣人之欲上民也，必以其言下之；欲先民也，必以其身后之”，圣人假若想得到百姓的拥戴，就必须注重自己的一言一行，一定要尊重百姓，甚至将自己置身于百姓之后，把百姓当作主人，而自己是仆人，要明白这种主仆关系。

上句说江海居于最下，才能容纳百川；本句说圣人居下，才能得到百姓的拥戴。这是本书“上善若水”“是以圣人后其身而身先，外其身而身存”的进一步发挥。百姓才是国家的根本。这与孟子所说“民为贵，社稷次之，君为轻”比较接近。《淮南子·氾论训》也说：“治国有常，而利民为本”。可见这已经是君王们的共识。

“故居上而民弗重也，居前而民弗害也，天下皆乐推而弗厌也”，只有这样做了，圣人虽然处于管理者的地位，但不会让百姓觉得有压力，难以承受。圣人在前领导百姓，不损害百姓的利益，所以天下百姓都很乐意推崇圣人的地位，而不会感到厌倦和提出反对。

“非以其无争与？故天下莫能与争”，看重百姓，甘愿居下；尊重百姓，甘愿居后，这难道还不能算不与民争利益吗？正因为让利于百姓，得到百姓拥戴，所以能称雄于天下。

第六十七章

天下皆谓我大，大而不肖（xiào）。夫唯不肖，故能大；若肖，久矣其细也夫。我恒有三宝，持而保之：一曰慈，二曰俭，三曰不

敢为天下先。夫慈，故能勇；俭，故能广；不敢为天下先，故能为成器长（cháng）。今舍其慈，且勇；舍其俭，且广；舍其后，且先，则必死矣！夫慈，以战则胜，以守则固。天将救之，如以慈恒之。

【提要】本章论述了“道”内容广泛，包罗万象。而“德”有三条基本的发展规律，即慈勇、俭广、后先，三者变化无穷，而无所不能。

【新解】“天下皆谓我大，大而不肖”，上章说“道”如江海，既大且顺，这里进一步说“道”之大，为天下最大。由于“道”包罗万象，所以世界上再没有能和它相像的东西。

“夫唯不肖，故能大；若肖，久矣其细也夫”，世界上没有任何一件东西能与“道”相像，因为它包罗万象，它是最大的。假若能找到与它相像的东西，那它早就会变得和这些东西一样渺小。

以上经文说明：①“道”既包含万物，又有别于万物。它是万物的总体，包含万物的所有内容，但它和万物又不同。②“道”为大，因此它能解决大的问题。正如它能体现事物的主要矛盾，掌握了“道”，就能理解事物的实质，从而解决根本问题。

“我恒有三宝，持而保之：一曰慈，二曰俭，三曰不敢为天下先”，这里的“我”指“德”，“三宝”是指基本规律。“道”既包罗万象，是万物之体，而“德”又持有自己的三大发展基本规律，即慈勇规律、俭广规律、后先规律，且保存至今。其中转化的条件是“慈”“俭”“后”。

“夫慈，故能勇”。《左传·昭公二十八年》：“慈和遍服曰顺。”“慈”爱则顺，属顺德，是为“上德”，所以是符合“道”精神的。《庄子》：“勇悍果敢，取众率兵，此下德也。”《吕氏春秋·论威》：“勇，天下之凶德也。”可见“勇”为“下德”“凶德”，也是“德”的一种。

这句话是说，“慈”和“勇”是事物的两个方面，如阴阳一样，只有和谐相处，“德”性才能得到充分发挥。但阳极反阴，阴极反阳，在特殊情况之下，二者之间是可以互相转化的。

如韩非子说：“慈母之于弱子也，务致其福；务致其福，则事除其祸；事除其祸，则思虑熟；思虑熟，则得事理；得事理，则必成功；必成功，则其行之也不疑；不疑之谓勇。”圣人对于万事万物，都有一颗慈母于幼子一般的心，保持着这样一颗博爱慈祥之心，便会明晓事理、果断决绝、勇敢无畏。这个就是“慈”“勇”的表现和转化过程。还有如女子本弱，为母则刚，也是一种慈勇转化表现。

真正的“慈”，是在慈与勇之间转化。若一味慈爱，不求转化，则是溺爱。

“俭，故能广”。《左传·庄公二十四年》：“俭，德之共也；侈，恶之大也”，可见“俭”也是一种“德”性。节俭有收紧的含义。“广”，宽广，有空虚的意思。二者也是同一事物的两个方面，可以互相转化。

韩非子说：“是以智士俭用其财则家富，圣人爱宝其神则精盛，人君重战，其卒则民众，民众则国广。是以举之曰：‘俭，故能广’”。这句话是说智者勤俭持家，则家庭就会富裕；圣人珍视万物，那么他们的神力就会旺盛。君主不轻易用兵打仗，则民众就会繁衍增多；民众增多了，当然国土也就随之宽广。这个转化过程就是由“俭”至“广”，有如勤俭致富的道理一样。

真正的“俭”，是在俭与广之间转化。若一味节俭，不求转化，则是吝啬。

“不敢为天下先，故能为成器长”。“成器长”，成为器物时则比较长（cháng）大。说明在顺德的时候，即使制作器物的时间较晚，而成为器物的时间却会较早，有后发先至的意思。其与龟兔赛跑故事所含之义相似。

以上所说强调的是后与先之间的转化规律。若一味滞后，不求转化，则永远落后；也说明事物在某些特殊条件下是可以互相转化的。在必要的时候，我们可以利用某些条件，促使其发生转化。这是顺德的一种方法，也是无为而为的表现。

“今舍其慈，且勇；舍其俭，且广；舍其后，且先，则必死矣”，若是不注重慈与勇、俭与广、后与先之间转化的关系，一味地只求勇、广、先，却没有注意阴阳之间的转化关系，造成只阳不阴，或只阴不阳，最终会出现阴阳离绝。说明不注重转化条件，不讲过程，只求结果，就是逆德而行的方法，会得到有为而为的结果。

“夫慈，以战则胜，以守则固。天将救之，如以慈恒之”。“慈”，本为慈爱，有温和、柔软的意思，但在特殊条件下却能转化成刚勇，能战、能守，以柔克刚。若想挽救一个人，一定是以“慈”心为转化条件，才能使之长久不衰。正如孟子所说“故天将降大任于斯人也，必先苦其心志，劳其筋骨，饿其体肤，空乏其身，行拂乱其所为，所以动心忍性，曾益其所不能。”上天从真正慈爱之心出发，让其遭受苦痛、折磨，才能锻炼他的心境和体能，使他最终强大起来，立于不败之地。

这句是以“慈”为代表，说明“德”的三个基本发展规律以及转化条件。它们看似平凡，但可以变化无穷，无所不能。其中“无为而为”促进转化，以求结果；“有为而为”则只看结果，不求转化。

第六十八章

善为士者不武；善战者不怒；善胜敌者弗与；善用人者为之下。是谓不争之德；是谓用人之力，是谓配天。古之极也。

【提要】本章以用兵的道理，再一次论述了上章所说的“德”规律，即“慈勇”“俭广”“后先”规律对治国的重要性。

【新解】“善为士者不武”，善于带兵打仗的将帅，不迷信武力。一场战争的胜负取决于多种因素，如《孙子兵法》说：“善之善者也。故上兵伐谋，其次伐交，其次伐兵，其下攻城。攻城之法，为不得已”。“作战”仅仅是其中之一。

“善战者不怒”，善于作战的将帅，都很沉着冷静，不会轻易发怒。《孙子兵法》中说：“善战怒而挠之”，易怒就可以撩拨他，使其怒而失去理智。对待敌人，则可以使其发怒而便于战胜他。

“善胜敌者弗与”，“弗与”，不要与敌人争一时之气，而给予对方战胜自己的机会。《孙子兵法》说：“故兵无常势，水无常形”，战胜敌人的战略战术每次都是不一样的，应适应敌情灵活运用。

“善用人者为之下”，善于指挥士兵的将帅，一定非常注重战士的情感和要求，非常爱兵、惜兵。

以上四句话，是借用兵打仗的道理，进一步说明上章中“德”的三大规律。慈爱用兵，则将士听命；不随便使用武力（用俭），以便使用多种制敌的方法；不让敌人摸清自己的想法，以利于后发制人。

“是谓不争之德”，与本书第二十二章“夫唯不争，故天下莫能与之争”可相互参看。第八章说：“上善若水。水善利万物而不争”，说明“上善”就是一种很好的“德”。这句是说，管理国家、百姓，要像用兵一样，不武、不怒、弗与、为下，这是符合“德”的精神的，这样做既能取得战争的胜利，也能管理好国家和百姓。

《灵枢·逆顺》说：“兵法曰，无迎逢逢之气，无击堂堂之阵”；“刺法曰：无刺熇熇之热，无刺漉漉之汗，无刺浑浑之脉，无刺病与脉相逆者”。将这种“不争之德”的思想具体使用在刺法上是：“上工，刺其未生者也。其次，刺其未盛者也。其次，刺其已衰者也。下工，刺其方袭者也，与其行之盛者也，与其病之与脉行逆者也。故曰：方其盛也，勿敢毁伤，刺其已衰，事必大昌。”以上说明：①好的医生在疾病没有发生之前就开始使用针灸方法以保健强体。如“若要安，三里常不干”，通过经常针刺足三里穴，以达到预防作用。②其次，刺其未盛者也。在疾病没有达到最强盛的时候使用针灸疗法，以将疾病尽早祛除。如《素问·阴阳应象大论篇》所说：“故邪风之至，疾如风雨，故善治者治皮毛，其次治肌肤，其次治筋脉，其次治六腑，其次治五脏。治五脏者，半死半生也。”③其次，刺其已衰者也。在病气开始衰弱的时候，使用针灸疗法，以尽早使疾病获得痊愈。如《素问·疟论篇》：“夫疟者之寒，汤火不能温也，及其热，冰水不能寒也，此皆有余不足之类。当此之时，良工不能止，必须其自衰，乃刺之。”因为在疾病发展旺盛的时候，针灸的方法发挥不了作用，所以需要等待邪气收敛，正气恢复的时候，使用针灸以调动和加强正气的力量，才会有较好的效果。④下工，刺其方袭者也。医疗水平差的医生，往往在邪气正旺的时候使用针灸疗法。此时邪气相对强大，正气还未外出抗邪，仅仅靠针灸的方法，不能有效及时地调动正气和阻止邪气，因此效果必然不理想。⑤邪气旺盛的时候，正邪斗争剧烈，无须针灸调动，故针灸效果不好。⑥病状与脉象不相吻合，说明正气已虚，假象频频发生，这时使用针灸疗法，使正气勉强为之，更加损伤正气，故对疾病的治疗不利。

总之，中医学认为针灸疗法应按照兵法的思想进行治疗，即“上工治未病，不治已病”。“是谓用人之力”，这就是合理使用人力的方法。只有这样才能最大限度调动人的积极因素，发挥人的最大潜力，取得百姓的最大拥护，符合百姓的最大利益。

“是谓配天”，这就是和天道相一致，符合道学的精神。此句是上两句的小结。

“古之极也”，这是自古以来最高的智慧。这句话属于本章的总结。

第六十九章

用兵有言曰：吾不敢为主而为客，吾不敢进寸而退尺。是谓行

（xíng）无行（háng），攘（rǎng）无臂，执无兵，扔无敌。祸莫大于轻敌，轻敌几丧吾宝。故抗兵相若，则哀者胜矣。

【提要】本章说明用正治国，用奇用兵，方法不同，而慈勇、俭广、后先的道理是一样的。

【新解】“用兵有言曰：吾不敢为主而为客”，“主客”这里应该是指“正奇”，主为正，客为奇。如本书第五十七章说：“以正治国，以奇用兵。”这里说我不为主而为客，是指用兵的方法，以对正和奇进行区别。说明用兵和治国虽然不一样，但都是不违背道德精神的。

若仅从字义上解释为主与客，那么只能有两种意思。①在家为主，入户为客，即治国为主故用正，治兵为辅故为客。②主要为主，次要为客，指治国是主要的，而用兵是次要的。而从方法上讲，治国以正，用兵以奇。

现在多解释此处的主客为主动、被动，即主动进攻为主，被动防御为客，因而认为老子是反战的。但这种解释有一处疑问，就是战争以获胜为主，既然已经发生战争了，主动或被动不是主要的，获胜是主要的。若是处于被动，就一定能获胜吗？假若不能保证获胜，那么在兵法上此说有意义吗？尤其是在春秋无义战的时候，以主动无理、被动有理这种认识进行说教，就更难让人信服了。所以笔者认为主客应为正奇的意思。一般来说以正治国是主要的，而从兵书的角度应该推崇“以奇用兵”，是为客。

本句的意思是不以治国的方法而以奇兵的方法去指挥战争，获胜的概率才会增大。

“吾不敢进寸而退尺”，是一种战术。我不愿意采用前进一小步，而被迫后退一大步的战术。

这里有三种含义：①不敢冒进，不主动发动攻击，以静制动，以退为进。如“退避三舍”和“一鼓作气，再而衰，三而竭”，皆以后发制人。②不采用盲目进攻，以致先胜后败，因小胜而致大败。③不采用诱敌深入的办法。笔者认为这句话的意思应该是采用第一种方法。

“是谓行无行，攘无臂，执无兵，扔无敌。”已经开始排兵布阵，却让敌方察觉不到；虽然抗敌的热情无比高涨，但还要让敌人看不出来；士兵们已经严阵以待，刀出鞘、箭上弦，也要让敌人感觉不到；士兵已经全部到位，还要让敌人觉得没有对手一样。这句话说，要以我之“无”而胜敌之“有”。这应该就是使用奇兵的一种方法。

“祸莫大于轻敌，轻敌几丧吾宝。”战争失败最大的原因是轻敌，由于轻敌，而不重视使用自己的长处，避免自己的短处。

这句的“宝”应该是上章所说的“慈”“俭”“后”。用“慈”而使自己刚勇；用“俭”而使自己隐蔽，以取得更宽广的战场；用“后”而使自己出手就能制敌。

“故抗兵相若，则哀者胜矣。”若对抗的双方实力差不多，则往往是士兵悲愤的一方获得胜利。这是因为士兵多能化悲愤为力量，而使战力大增。所以为将帅者，要注意士兵们的情绪，要通过情绪变化充分调动士兵的战斗力。

第七十章

吾言甚易知也，甚易行也。而天下莫之能知也，莫知能行也。言有宗，事有君。夫唯无知也，是以不我知。知我者希，则我贵矣。是以圣人被（pī）褐怀玉。

【提要】本章说明道学源于自然，有根基、依据，易学、易行，只要愿意学习，都能理解；只要愿意去做，都能实施。

【新解】“道”“德”的道理和规律是从自然规律而来，是很容易让人明白了解的，其无为而无不为的思想也是很容易让人接受而实施的。天下无论什么人，只要愿意去学习它，都能够掌握；只要愿意去做，都能够做到。

“道”“德”的内容都是从自然规律而来的，都是有依据的。只有那些不愿意去学习了解的人，才会产生排斥的心理。也正是因为了解和实施的人少，才显得“道”“德”精神的珍贵。圣人们就好像怀抱美玉，却因穿着褐色朴素的衣服，而被目光短浅的人所轻视，那是多么令人遗憾的事情啊！

第三章说“常使民无知无欲”，“无知”与“无欲”相并列，二者是同样的意思，所以这类“无知”不是真正的无知，而是因“无欲”而不去追求欲望。如《素问》所说的“是以志闲而少欲，心安而不惧，形劳而不倦，气从以顺，各从其欲，皆得所愿”。本章说“夫唯无知也，是以不我知”。这里的“无知”，是指真正不知道，又不去了解的人。可见《道德经》中这两类“无知”不是一回事。

本章中有“圣人”和“我”两种称呼。可见老子并不把自己和圣人并列。本书凡是说到“圣人”的时候，并不是老子的自称，而是对一些道学高深或具有领导地位的人物的尊称。

本章还说到，看事物要看本质，而不是看表面。不能衣冠取人，不能以个人爱好认同。道学因为其取于自然而朴素无华，其尊贵之处在于易知、易行，不需要高深学问、高难度技巧就能实施。

有人认为本章体现了老子怀才不遇的消极思想。陈国庆、张爱东有一段话值得一读，能有利于加强对本章的理解。他们说："（老子）不能被人们理解，更不被人们实行，因而他感叹道：'知我者希'。对此，任继愈先生说：'他自以为很高明，颇有怀才不遇、曲高和寡的苦闷。其实他唱出的是没落阶级的挽歌。并不是人们不了解他，而是历史抛弃了他。'（《老子新释》）而张松如先生不同意这样的观点。他说：'历史并没有冷落他。单说先秦时期吧，相传春秋时的叔向、墨翟，战国时的魏武侯、颜触都曾称引过他的话；庄子则颂扬他：古之博大真人哉（《庄子·天下篇》）。以宋钘、尹文为代表的稷下学人又继承了老子而发展为黄老学派。至于韩非，更有《解老》《喻老》之作。降至秦后，西汉初年，黄老之学一度居于统治地位。司马谈《论六家之要旨》，实突出道家，而司马迁《史记》并特为立传。演至东汉，甚至神话为道教的始祖了。凡此一切，总不能说历史抛弃了吧。'（《老子校读》）我们感到任、张二位先生对这个问题的讨论中有不同的标准。比如，怎样才算是被历史抛弃了的问题。任继愈先生的意思是，老子和他所生活的那个时代，他提出的政治主张不被人们理解和采纳，因此感到政治抱负难以施展，颇有怀才不遇、曲高和寡的苦闷，从这个意义上讲，老子没有被时代所选取。张松如先生则是从老子之后的若干年、几百年乃至上千年的历史长河中去研究老子是不是被历史所抛弃的问题。所以，任、张二先生的标准不同，观点上就有了差异。"

其中所谓"没落阶级的挽歌"一说，应该是用词不当，没有真正表达出道学的精神，当然这也和当时的历史条件有关。

在春秋战国时代，由于各国鼎立，诸子百家蜂起，是一个百花齐放，百家争鸣的时代，并没有抛弃谁，青睐谁的问题。"九流十家"中，道家的影响还是比较大的。道学是一门修身、齐家、治国、平天下的学问，不仅影响了其他各家，而且还影响到中医的理论思想，对中医学的发展也有重要作用，从而使之造福百姓几千年。

本章反复强调道家学说的优势，但并非是认为其没有得到大家承认而说的。春秋无义战，各国危机四伏，如何生存是首要，高尚的生活只能是一种奢想。

所以不仅老子的思想，还有孔子的思想也是无人顾及。对于这些思想，即使想做也做不到，所以也不可能去做。道学在当时，谈不上被抛弃，只是顾及不上。一旦长治久安，人们能顾及它的时候，就会显现出其强大的影响力。

第七十一章

知不知，尚矣；不知知，病矣。夫唯病病，是以不病。圣人不病，以其病病，是以不病。

【提要】本章论述了布道之人，需要自觉地进行自我修养，才能完善自己而得到他人的认可。

【新解】能够知道自己的不足之处，就有了弥补不足的方向，这就是一件值得推崇的事情；不知道自己有哪些不足，对自己没有一个正确认识，那就像讳疾忌医一样，可能引发更严重的疾病。只有能够时刻关注自己的不足之处，才不会出现失误。圣人没有不足之处，是因为他能时刻警惕自己，克服自己的不足，所以不会发生不可挽回的错误。

本章主要说修养道学思想的人还需要进行个人修养。人们经常说，最大的敌人其实是自己，是因为自己对自己看似了解，实际上并不能完全了解。任何人都有优点和缺点，有长处和短处，心灵深处都有“天使”和“魔鬼”。本章认为个人修养须从两个方面进行：①“知不知”，就是要知道自己的斤两。一是不高估自己，做什么事能尽力而为而不会伤及自己；二是知道自己的不足，有继续努力的目标。所以需要多方面了解自己，对自己的不足之处了解得越清楚越好。这是自我修养的第一步。②“唯病病”，把自己不足之处当成一块心病，时时记在心中，才有把“魔鬼”关进笼子里，让“天使”自由飞翔的可能，也就是进行自我控制训练，不要放纵自己。这是自我修养的第二步。

个人修养，自我努力很重要。但是每个人遗传因素不一样，所形成的优点或缺点也不一样，会影响性格、体格。所以从中医的角度上说，还可以根据身体体质不同，进行适当调整。

如《灵枢·阴阳二十五人》就认为人的体质有二十五类，每类人的性格、体质都不一样：“如木形之人，其为人苍色，小头，长面，大肩背，直身，小手足，好有才，劳心，少力，多忧劳于事，能春夏不能秋冬，感而病生，足厥阴佗佗然。”《灵枢·通天》还说：“少阳之人，如諟谛好自贵，有小小官，则高自宜，好为外交而不内附。”可见，木形之人、少阳之人，情绪容易激动，多为外向型，阳强而容易伤阴。其调理方法是“实阴而虚阳，独泻其络脉则强”。即经常针刺肝胆经的络脉，或稍微放血，这样肝胆之气就不会过旺，趋于平和，阴血得以保养，情绪就会有所改观。所以《灵枢·通天》说：“古之善用针艾者，视人五态乃治之，盛者泻之，虚者补之。”这样对性格进行调整，对情绪进行控制，有利于自我修养的进行。

除此之外，孔子说的不二过，不迁怒，也是很重要的自我修养的方向，值得我们重视。

第七十二章

民不畏威，则大威至矣。无狎（xiá）其所居，无厌（yà，同“压”）其所生。夫唯弗厌（yà，同“压”），是以不厌（yàn）。是以圣人自知而不自见（xiàn）；自爱而不自贵。故去彼取此。

【提要】本章论述了圣人的自我修养以及管理国家、百姓需要注意的地方。

【新解】“民不畏威，则大威至矣。”百姓不尊重权威，则更大的威压就会到来，从而引发百姓更大的不满。

过去一般解释为百姓不畏惧权威，就会有更大的祸乱。这种解释应该是从现代观念出发。春秋战国时代，虽然战祸不断，但还没有民不聊生而群起攻之的先例。农民起义也是在秦朝以后才有的。当时是小国寡民为主。注意，这里说的“国”，不是现在意义上的“国家”，而是分封后的诸侯国，也可称之为“邦”，它由夏、商、周等“国”管辖，所以也不能为所欲为。群体关系、官民关系，难免有矛盾，但总体上还没有出现大的危害。若不是这样，道学思想就没有发源的基础，代之而起的一定是阶级斗争学说。往观历史，在秦朝秦始皇巡游时引来百姓围观，刘邦羡慕地说：嗟乎，大丈夫当如此矣！项羽则不屑一顾，说：可以取而代也。始皇末年，陈胜、吴广才说“帝王将相宁有种乎？”所以在老子时代百姓还未出现群发性祸患。

“无狎其所居，无厌其所生。”“狎”，交替，《左传·昭公元年》：“自无令王，诸侯逐进，狎主齐盟，其又可一乎？”杜预注：“强弱无常，故更主盟”。“厌”，阻塞，阻挡、阻拦。任继愈：“狎，唐碑本均作‘狭’，即逼迫，压迫。厌，阻塞。”这里说，不要不断变动百姓的居住地，不要阻拦百姓的生活方式。百姓之所以不满，是因为不能安居乐业，生活不自由。这时道学思想就强调管理者不要去做妨碍百姓正常生活的事情。

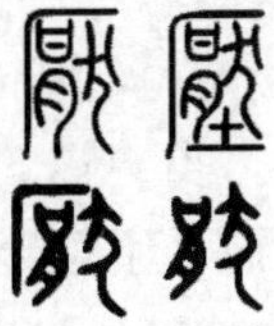

“夫唯弗厌，是以不厌。”前一个“厌”是“压”的意思。任继愈说“厌，同压，即压迫”。后一个“厌”是厌恶的意思。金文大篆、小篆中的“厌”字和“压”字接近，互相混淆是有可能的。右图中上排为小篆，下为金文大篆。左侧是“厌”字，右侧是“压”字。这里说，不去压制百姓的正常生活，百姓就不会有厌恶之心。

“是以圣人自知而不自见；自爱而不自贵。”所以圣人应该有自知之明，而不会总是自我表现；珍爱自己的身份，而不去自我炫耀。

“故去彼取此”，所以要去掉压制百姓的想法，而努力去做自己应该做的事情。言外之意，就是不仅圣人需要尊“道”，才能管理好国家，也让百姓从尊“道”的意识中获得快乐和幸福。

第七十三章

勇于敢则杀，勇于不敢则活。此两者，或利或害。天之所恶（wù），孰知其故？天之道，不争而善胜，不言而善应，不召而自来，坦然而善谋。天网恢恢，疏而不失。

【提要】本章强调了遵从“道”和“德”去进行身心修养，对管理和生活有想象不到的好处。

【新解】“勇于敢则杀，勇于不敢则活。此两者，或利或害。”“勇”，勇者，气也。气之所至，力亦至焉；心之所至，气乃至焉。故古文勇从心，恿。“敢”，《说文》：敢，进取也。一般来说，“勇”是指勇气，主要为身体的气机变化；“敢”是指敢为，主要为身体的行动。这里说既勇且敢者，容易出现杀气腾腾的表现。有勇而不冲动者，活动转圜的余地就比较大。二者谁更有利，谁更有害，不是一目了然吗？

本句是告诫人们凡事要先思而后行，不要盲目冲动。前两章都说到了修养的问题，而修养的关键目标是凡事能够深思熟虑。不深思熟虑就会有勇无谋，做事容易冲动，也就是人们常说的“二敢子”。勇而敢的结果就容易走极端，出现“杀”的可能就较大；“勇”以后能冷静下来，在考量之后去处理，那么“活”的可能性就较大。另一层含义是，这是一个考量或自测是否有个人修养的标准。这应该就是“勇”“敢”两字虽常常在一起使用，而这里却将两字分开、对比着使用的道理。

这里将“勇”“敢”和天道的喜恶放在一起，说明：①有勇有敢，符合天道。谋，需要按自然规律而谋，谋定而后动就会有好的结果。②有勇无敢，不符合天道。敢字当先，缺乏全面思考的时间，会在冲动的情绪下去处理问题，这样往往就会把事情办砸。

“天之所恶，孰知其故？”“天之所恶”，不按自然规律办事，违背了天道，为天所厌恶而不能接受。“孰知其故”，你知道是什么原因吗。言外之意就是修养对一个人是多么重要，还不值得我们重视吗？

“天之道，不争而善胜，不言而善应，不召而自来，坦然而善谋。”那么遵从天之道的结果是什么呢？“不争而善胜”，看起来没有和对方对着干，但结果是战胜了对方。“不言而善应”，没有和对方说什么，但却得到了回应。“不召而自来”，没有召唤对方，对方却能感应到这种召唤，应召而来。

为什么会出现这种状况呢？回答是“坦然而善谋”。①凡事坦然对待。因沉着冷静，遇事不慌，掌上千秋史，胸中百万兵，所以能应对自如。②善于谋略。能按自然规律去思考、处理问题。有修养的人能够坦然而善谋，所以能应对和处理面临的一切事物。

“天网恢恢，疏而不失。一张很大的捕鱼网，虽然有很多网孔，但是撒网出去，所有的鱼儿都不会漏掉。近代多使用在法制上，指做了违法之事，不管使用什么手段逃避，虽然一时可以得逞，最终都会受到法律的制裁。这种解释所指的范围缩小了很多。本句是指修养身心，就好像编织了一张大网，所有的可能都网罗其中。修身养性后再去处理问题时，反而更省心，收获也会更大。说明修身养性的优势非常大，能超过一般人的想象，所以值得我们去做。

第七十四章

民不畏死，奈何以死惧之！若民恒畏死，而为奇者，吾得执而杀之，孰敢？恒有司杀者杀，夫代司杀者杀，是谓代大匠斫（zhuó）。夫代大匠斫者，则希不伤其手矣。

【提要】本章用修炼气功为例，说明顺应天时，顺从“德”程序，才能获得长寿。

【新解】“民不畏死，奈何以死惧之”，百姓不畏惧死亡，为什么还要以死去威慑他们呢？有人解释为统治阶级残酷压迫，以致民不聊生，产生某种不满后统治者以死相威胁，这种做法是不可能达到目的的。这种认识，应该属于现代思维。

春秋战国时期，小国寡民，生产力不足，生产资料欠缺，加以年年战乱，因而只能维持着最低生活水平，生存率很低。而且当时商业并不发达，互相交流不多，即使交流也多以物换物。民间“抱布贸丝”，大国之间也可以是一块和氏璧换七座城市。本来就人少分散，引发聚众闹事并不容易，公开反抗更是极少。所以统治者以死相威胁的做法不会成为普遍的问题。

由于生活条件较差，人的寿命较短，而事务又很少，所以很多人能静下来修炼气功以求长寿。这里所说的“不畏死”和后面所说的“恒畏死”，从当时的角度来说，应该是对长寿的认识。有人追求长寿而修炼气功，而有人则不重视也不愿意修炼气功。本句的意思是若不重视自己的生命，对长寿没有认识，为什么还要以长寿为说辞，对其进行劝说呢？

当时修炼气功的人应该很多，很多人都能感受到气功效应，因此才会有公认的体会，才会让更多人接受。如本书就记载了很多气功修炼的方法，以及“开天门”等修炼气功后特有的感觉。中医经络学说的建立，应该与修炼气功有密切关系。较多的人有经络气血运行的实践感觉，成为“大数据”，为经络学说提供了理论依据。有了经络学说的理论基础，针灸治疗不仅能取得满意的效果，而且还能有所发展。经络由于是在活体上感受出来的，所以是人在活着的时候所表现出来的生命力现象。人一旦死亡，经络现象就会消失。而西医解剖学是从尸体上，用肉眼看到的内容。二者完全不同。

“若民恒畏死，而为奇者，吾得执而杀之，孰敢？”“奇”与“正”相对而言。“杀”，不要解释为杀人，这与道学思想不合。朱元璋诗曰：百花发时我不发，我若发时都吓杀。要与西风战一场，遍身穿就黄金甲。其中的“杀”就不是指杀人。词语如杀威风，如肃杀、萧杀等也不是指杀人。“敢”就是“干”的意思，不宜解释为胆大妄为。“孰敢”，谁还去干？这里说，假若百姓一贯表现为怕死，心存疑虑，加以修炼方法不对，就有可能走火入魔。那么我们就应该告诉其正确方法，以束缚住那些“魔鬼”冲动。这样还有谁再去使用那些错误的方法呢？

另外，我认为“气功”是客观存在的，不要认为凡是会气功的人都是骗子。20世纪80年代，我的大学成立了一个气功班，参加学习的除了大学教师之外，还有很多西医医生。在修炼两个月左右时，就有人出现了小周天现象。当时参加学习班的老师、医生们都说收获不小。

修炼气功，需要一定的环境和心境，还需要一定的时间，不可能一蹴而就，也不可能在灯红酒绿、醉生梦死中练成。当然，现在社会上确实有一些自称气功大师，自我炒作、居心叵测的人。

“恒有司杀者杀，夫代司杀者杀，是谓代大匠斫。”“有司”，管理部门。“代司”，代理行使权力的机构。“杀”，指寿命结束。“大匠”，高明的手艺人。“斫”，刀斧，这里为动词，指使用刀斧。一定是管理寿命的部门决定寿命的长短，假若是代理部门去管理寿命，就好像是外行代替高明的木匠去修理木材，那结果可想而知。这里的“杀”是指寿命终结，指天寿，不是指故意杀人。一般人和修炼气功的人，寿命长短不一样，天寿也就不一样。假若不是天寿不同的原因，而是受人为的原因影响，如根本不懂气功的人去教气功，那么就可能出现走火入魔的状况，很难想象结果会怎么样。

“夫代大匠斫者，则希不伤其手矣。”代替高明木匠去修理木材，很少有不伤手的情况。这里紧接上一句，说明专业人才与非专业的人相比，是有差别的，外行代替内行去管理，就容易出差错。

以上是说，气功是顺应天时的一项活动，所以能延长寿命。假若不顺应天时，而是自作聪明去进行修炼，或方法不对，都达不到正常寿命，甚至会使正常寿命缩短。言外之意是说，顺应天时，要在“道”的思想指导下，依据“德”的程序进行，否则达不到预期效果。

第七十五章

民之饥，以其上食税之多，是以饥。民之难治，以其上之有为，是以难治。民之轻死，以其上求生，生之厚，是以轻死。夫唯无以生为者，是贤于贵生。

【提要】本章说明“有为”而为给国家、百姓带来的危害，从而强调了“无为”而为的重要性。

【新解】“民之饥，以其上食税之多，是以饥。民之难治，以其上之有为，是以难治。”百姓之所以有饥荒，是因为统治者收取的税收太多，因而耗尽财力，导致百姓食不果腹。百姓之所以难于管理，是因为统治者“有为”而为，造成人心涣散，离心离德，难以治理。

“民之轻死，以其上求生，生之厚，是以轻死。”百姓随时都会死亡，是因为统治者只为自己过上好的生活，甚至追求奢靡的生活，从而看轻百姓的生命。

这里指出统治者为什么要“有为”而为，其目的是让自己享受奢侈生活，而置百姓身家财产于不顾。正如《伐檀》中所说：

不稼不穑，胡取禾三百廛兮？

不狩不猎，胡瞻尔庭有县貆兮？

彼君子兮，不素餐兮！

那么这样的“有为”还有什么价值吗？正如臧克家的诗所说，“有的人他活着别人就不能活；有的人他活着为了多数人更好地活。”这就是“有为”和“无为”的区别。以上说明：①“有为”而为是违背自然规律有意而为之，导致出现百姓饥饿而难以治理；“无为”而为是遵循自然规律而为之，因此百姓安居乐业。②“有为”而为是竭泽而渔，不顾后果，耗尽财力而不顾；“无为”而为能顺应自然，延长寿命，所以百姓不治而自治。③“有为”而为是不顾百姓死活而积富于己；“无为”而为是为百姓生计着想而藏富于民。④“有为”而为的结果是民不聊生、难于管理；“无为”而为的结果是国富民强、民心归一。

“夫唯无以生为者，是贤于贵生。”只有不以自己为中心考量问题，才会看重别人的生命。那些“有为”而为的人理念不同，只看重自己，而看轻别人。他们看重自己，一旦居于高位，就会以自己的利益为中心，在管理中强制执行自己的意志，对他人不管不顾，以损人利己为目的推行一系列的政策，危害别人而自以为得意，置百姓于水生火热之中。因此，只有“无为”而为才能挽救国家和百姓，这才是统治者正确的行事方式。

第七十六章

人之生也柔弱，其死也坚强。草木之生也柔脆，其死也枯槁。故坚强者死之徒，柔弱者生之徒。是以兵强则灭，木强则折。故坚强处下，柔弱处上。

【**提要**】本章说明看重生命，是对“德”程序的尊重。

【新解】“人之生也柔弱，其死也坚强。草木之生也柔脆，其死也枯槁。故坚强者死之徒，柔弱者生之徒。”人活着的时候，身体是柔软的，死亡后则变为强直；草木生长的时候，表现为柔和，死亡之后则表现为枯槁。可见真正坚强的东西，是死后才会展现出来的；而柔和说明其是有生命力的表现。此处说明有生命和没有生命的时候截然相反。因为活着的时候阴阳相合，具有冲气，而死亡时冲气丧失，阴阳离绝。本句是从生死的角度说弱与强，从阴阳的角度说柔与坚，并提出了如何区分表面现象和实质表现，生与死谁更重要、更值得关注的问题。

关于弱与强的关系，本书论述的比较多。如第三十六章“柔弱胜刚强”；第六十九章“故抗兵相若，则哀者胜矣”；在第六十七章以慈勇、俭广、后先对这种关系进行了总结，并说明这是一种“德”性关系，是事物发展的必然关系，符合“德”程序，因此值得思考和效仿的。

这里的弱与强，也包括弱可以胜强的意思。但若仅仅是解释为以弱胜强，是不够全面的。①弱可能胜强，但不是必然的，是需要在一定的条件之下才会发生。如第三十六章说“将欲弱之，必固强之”，敢于示弱，才是真正的强大。从“道”的角度上说，“无为”的表现，会让人觉得不主动，好像没有能力，是弱者。但正因为“无为”顺德，能顺势而为，才会从弱转化为强，显现出强大生命力。若是一味示弱而不为，则弱不能胜强。②柔与坚、弱与强之间的变化也是一种生死发展的规律，从生到死，从弱到强。重视生，生命才有价值，才会有死得其所；重视弱，柔弱才能成长，才会有刚强不屈。这也是必然的。因此要求我们凡事应顺从“德”程序。③弱能胜强，一般来说不应直接碰撞，其中必然有一个转化条件。如官渡之战，最初袁绍兵力很强，曹操较弱，但曹操选择时机，并以断粮为手段，使袁绍从强变弱，结果取得了胜利。

“是以兵强则灭，木强则折。”苏辙解释为：“兵以义胜者非强也，强而不义，其败必速。”此处有“多行不义必自毙”的意思。这里的“强”，可参考上文“坚强”“枯槁”，应该解释为固执、僵硬、强硬。但这就违背了用兵以奇的思想，所以很容易失败而被消灭。“木强”也是同样的意思，木头枯槁后则容易折断。

“故坚强处下，柔弱处上。”所以没有生命力的东西不应该被看重，而更应该看重有生命力的东西，尤其是要尊重人的存在。

第七十七章

天之道，其犹张弓欤！高者抑之，下者举之，有余者损之，不足者补之。天之道，损有余而补不足。人之道则不然，损不足以奉有余。孰能损有余以奉天下？唯有道者。是以圣人为而不恃，功成而不处，其不欲见（xiàn）贤。

【提要】本章说“道”遵从自然规律，有调节阴阳、和谐阴阳的能力，所以只有尊“道”的圣人才能这样做。

【新解】“天之道，其犹张弓欤！”“天之道”，指道学。因为道学思想顺从自然规律，所以道学可以称之为“天之道”。天道所表现出来的规律与拉弓射箭一样。

“高者抑之，下者举之，有余者损之，不足者补之。”瞄准高了，就向下压一点；准头朝下了，就向上抬举一点。把弓拉得过满了，就放松一点；弓还没有拉满，就再用一点力补足它。

“天之道，损有余而补不足。”天地之间有一种主动调和的能力，就是削减有余而补充不足。从根本上说，就是协调阴阳，只要阴阳和谐就能国家稳定，百姓安乐；事情顺利，身体健康。

中医不仅接受了这种思想，而且还有所扩展。如《素问·至真要大论篇》说：“高者抑之，下者举之，有余折之，不足补之，佐以所利，和以所宜，必安其主客，适其寒温，同者逆之，异者从之”；“寒者热之，热者寒之，温者清之，清者温之，散者收之，抑者散之，燥者润之，急者缓之，坚者软之，脆者坚之，衰者补之，强者泻之”，并且认为这是“各安其气，必清必静，则病气衰去，归其所宗，此治之大体也”。“损有余而补不足”成为中医治疗疾病的总原则。可见中医的思想也是取法于天、顺天而为，所以能有很好的疗效。

针灸治疗的总原则就是协调阴阳：①上病下取，下病取上，如头痛选取足部的昆仑穴，脱肛选取头部的百会穴等。②左病取右，右病取左，如左侧牙痛，选取右侧合谷穴等。③前后对称取穴，如肺脏病，取背部的肺俞和胸前的中府配伍。④双侧同时取穴，如胃痛选取双侧足三里穴；心脏不适选取左内穴关配右公孙穴等。

“人之道则不然，损不足以奉有余。”人们现在所进行的社交活动往往与天道相反，通过损害穷人的利益以满足富人的奢望。一般共同认可的应该是均富，先富带动后富。古代“山大王”为了掩盖罪行，也借用“杀富济贫”，“替天行道”的说法。因此说明“损不足以奉有余”有违天道。

“孰能损有余以奉天下？唯有道者”，谁能让富人捐出自己的财物给天下呢？只有遵从“道”思想的人才会这么做。这种“捐”，不是指平均财富，应该包括捐款扶贫、铺路架桥、兴办义学、放粮施粥等有益于百姓的事情。

“是以圣人为而不恃，功成而不处，其不欲见贤。”所以圣人无为而为，成果不持为己有，成功之后不居功自傲，不去到处宣传自己，一般人以为他们什么也没干，所以不容易表现出他们的贤能。“道”“德”是在不知不觉之中就能调整阴阳而发挥作用，而圣人就是遵从“道”“德”之人。

第七十八章

天下莫柔弱于水，而攻坚强者莫之能先，以其无以易之也。柔之胜刚也，弱之胜强也，天下莫不知，而莫之能行。故圣人之言云：受国之垢，是谓社稷主；受国不祥，是为天下王。正言若反。

【提要】本章说要想成为一位圣人，必须具有水之“德性”。

【新解】“天下莫柔弱于水，而攻坚强者莫之能先，以其无以易之也。”天下最柔弱的东西也不如水之弱，但是洪水泛滥时却无坚不摧，没有什么东西可以和它相比。

第八章提出“上善若水”，水俱有“居善地，心善渊，与善仁，言善信，政善治，事善能，动善时”等特点。这里进一步讨论水的特点，守若处子，行若脱兔；静能如镜，动能摧坚。

“柔之胜刚也，弱之胜强也，天下莫不知，而莫之能行。”以柔克刚，以弱胜强，天下没有人不知道这个道理，但是却没有人能知之而行。

以柔克刚，以弱胜强，属于天道，只要遵循“道”，就一定会实现。这样做需要依德顺势而成，就需要一定的时间。而很多人追求一夜暴富，所以有权者横征暴敛，贪污受贿；横蛮人则啸聚山林，打家劫舍。这是以权谋私，以强欺弱等违背天道的做法。归根结底，这属于明知故犯。其原因就是没有遵循道学思想。

“故圣人之言云：受国之垢，是谓社稷主；受国不祥，是为天下王。”苏辙解释说：“受垢为辱，受不祥为殃。”“受垢”，被人诟病，也就是被百姓批判，甚至讥讽等，所以称之为“辱”。“不祥”，指没有好的征兆，天灾人祸，疫病频出等，所以称之为“殃”。总之，其是困难重重，危机四伏。“社稷主”“天下王”，都是指圣人，具体来说一是指道家，一是指统治者。这里说要想成为好的管理者，一定要具有忍辱负重、百折不挠的精神和能力。其不能动则迁怒，诿罪于人，不允许别人说话，动则归咎；不能处事没有预案，一旦意外，则举止失措。反之，能听逆耳的话，能处不常之事，才能有利于国家、百姓，才能成为好的管理者。

“正言若反”，包括3种含义：①可理解为“反言若正”，也就是让人说话，在那些批判和讥讽中看到自己的不足，以求得改进。看起来是相反、不利的言论，但只要处理好，就能坏事变好事。注意，当时并没有发生过聚众谋反的事件，问题多出在“萧墙之内”。百姓口头说说而已，不像后人所说，为夺取政权进行舆论准备，所以不必反应过敏。只要“萧墙之内”的问题解决了，同时言路畅通，也就不会再有那些“正言若反”的言论。②另一种“反言若正”实际上更可怕，也就是我们现代说的宁左勿右、形左实右、拉大旗作虎皮，看起来冠冕堂皇，十分入耳，其结果必然是“艾萧太盛椒兰少，一跃冲向万里滔”。③反诘句的使用。虽然是反问，实际上是正答。如第十章中的：“载营魄抱一，能无离乎？专气致柔，能婴儿乎？涤除玄览，能无疵乎？爱民治国，能无知乎？天门开阖，能无雌乎？明白四达，能无为乎？”六连问，看似在疑问，实际上已经说出了答案。

第七十九章

和大怨，必有余怨，焉可以为善？是以圣人执左契，而不以责于人。故有德司契，无德司彻。夫天道无亲，恒，与善人。

【**提要**】本章说明有德之人应该有契约精神。

【**新解**】“和大怨，必有余怨，焉可以为善？”苏辙解释为：“夫怨生于妄，而妄出于性，知性者不见诸妄，而又何怨乎？今不知除其本，而欲和其末，故外虽和，而内未忘也。”产生“大怨”，一定是有很深层的原因影响心性，使情绪的变化无法快速恢复的。虽然我们可以运用德性进行劝说，但是若没有本人的努力，从根本上进行消除，效果还是不理想的。

《灵枢·寿夭刚柔》认为："形先病而未入脏者，刺之半其日；脏先病而形乃应者，刺之倍其日。此月内难易之应也"。一般来说，治疗急性病所需的时间，是病程的一半。比如感冒3天，正常治疗的时间应该是在一天半左右才有明显效果（包括痊愈）；而慢性病的治疗时间是病程的两倍，也就是发病一个月，治疗时间需要两个月才有明显效果（包括痊愈）。

疾病治疗只要每天都有进步就是正常的，不可能一药、一针而愈。民间常说：病来如山倒，病去如抽丝。中医治疗也是符合这个规律的。当年针灸热的时候，有人说一次就能治疗卒中后遗症，还进行了表演，结果闹了一个大笑话。

"是以圣人执左契，而不以责于人。""左契"，古代人与人之间互相借贷，刻木为契，分为左右两部分。古代常以左为尊，所以债权人执左契，债务人执右契。圣人执左契是指手执借契而不向借贷者逼债，说明圣人是不看重得失的有德之人。战国时代用兵符，将领与大王各执一半，就是一种凭证。信陵君窃符救赵的故事中，盗窃的就是兵符，也就是另一半契约，以使两半合一，否则不能调兵。还可以理解为，左契是存根，右契是借条，一般来说两契之间有印章或特殊记号，分则为二，合则为一。本句说持左契，是债主。从道理上说，杀人偿命，欠债还钱，是天经地义的事，为什么圣人不要求还钱呢？我认为，这里实际上讲的不仅是债务关系，还包含了以下思想。

1.均富思想。如第七十七章所说："人之道则不然，损不足以奉有余"。①指不逼债。持左契而不毁左契，就说明债务可以长期存在，但还债应是本分。这种做法，对别人也是一种"仁"的表现。②平淡看待金钱。历代中医之贤能者，也多能这样。如孙思邈说："若有疾厄来求救者，不得问其贵贱贫富，长幼妍媸，怨亲善友，华夷愚智，普同一等，皆如至亲之想。""所以医人不得恃己所长，专心经略财物，但作救苦之心，于冥运道中，自感多福者耳"。后世也有很多中医在贫苦人来看病时，不收诊费。

2.契约思想。如第十七章："故信不足，焉有不信"。①人言是信，信誉。不讲诚信，就得不到信誉。你所做的，就是百姓所盼望的，二者可以合一。②如病历、处方单，也是一种契约。凭方抓药，一目了然，是为凭证。所以病历、处方一定要书写清楚，病情变化才能有据可查，不能写得太潦草。重视契约，也是一种尊道。

3. 自我修养思想。①经常自我对照。如第七十一章说："圣人不病，以其病病，是以不病"。自己手上拿着一半契约，心里有另一半契约，时常自我对照检查。《论语》也说"曾子曰：'吾日三省吾身；为人谋而不忠乎？与朋友交而不信乎？传不习乎？'"二者有共同之处。②使自我修养成为一种能力，如第七十三章说："不争而善胜，不言而善应，不召而自来"。

"故有德司契，无德司彻。"《传》：彻，治也。"彻"，有整治的意思。所以有德之人经常用契约精神来要求自己，无德之人则总是对别人有过高要求。

"夫天道无亲，恒，与善人。"天道对任何人都没有什么亲疏，只要是有德的善人，就一定有如天助。

第八十章

小国寡民。使有什伯（bǎi）之器而不用，使民重（zhòng）死而不远徙（xí）。虽有舟舆，无所乘之；虽有甲兵，无所陈之。使民复结绳而用之，甘其食，美其服，安其居，乐其俗。邻国相望，鸡犬之声相闻，民至老死不相往来。

【提要】本章论述了与"道"相关的国家管理内涵以及百姓生活的"德"程序内容。若能如本章所述这样顺德，就是尊"道"。

【新解】当时的国家领土范围较小，人口较少。虽然百姓拥有各种器具，但不一定有机会使用。百姓看重生命，为避免危险而不远离家乡。虽然有船只，却并没有经常乘船的需求。虽然国家有兵源和武器，也没有机会使用。百姓朴素，生活简单，只需要使用结绳记事的办法就可以应付了。他们享受美食，穿着合身的衣服，自觉居住环境较好，风俗相通，乐在其中。邻国之间遥遥相望，邻近村落的鸡犬声音都可以听见，民众和谐相处，不会发生争斗。

我认为这里不应解释为这是老子的建国思想。老子就如同一位国家图书馆工作人员，并没有进入仕途想管理国家的想法。他所写的《道德经》也是应邀而作，目的并不是向上进献，以求功名。其仅仅是他多年来对战乱频仍、国不安宁的实际体验和读书心得。他根据国家实际情况，表达了不认同当时治国、治民思想的想法，但并没有具体的作为。直到后人认同他的思想而出现道家、道教时，老子才被尊为太上老君、元始天尊、玄元圣祖。这和孔子周游列国的目的不同。本章所论可总结为以下几点。

①春秋战国时代，处于封建时代。周朝之下，诸侯国较多，当时全国总人口约2000万~3000万。众多的诸侯国面积都不大，人口就更少，小国寡民是当时的普遍现象。所以老子并不是想建立一个“小国寡民”的理想王国，这不合“道”的思想。老子此处仅是针对当时的实际情况而说的。

②孔子也说过父母在不远游。因为当时的交通并不发达，道路在秦朝大一统以后才有改观，所以外出就意味着亲人远离、路途艰辛、安全没有保障。当时的商业举措较少，远途交往的需求不多，外出的机会也不多，所以不远游，舟舆无所乘之，是一般民众的普遍想法。老子只是顺应民情而已。

③当时生活相对比较简单，日出而作，日入而息是常态，安居乐业是民众的实际要求。当时写作用的是竹片或木片，书写和保存都相当不易，普通民众采用古人结绳记事的方法，省物省时，也是一种不错的选择。

④诸侯国之间的交往，多是政治性而较少商业性。一旦政治问题解决不了就会发生战争。兵火战乱对民众生活影响较大，民众对此痛心疾首，所以希望虽有兵甲，无所陈之。这既是百姓所求，也理应如此。

本章的论述是针对当时实际情况而言。老子并没有觉得国一定要小，百姓一定要少；也不认为对百姓一定要有很多条件限制。他所说的实质内容是认为整个社会需要安定和谐，而这种思想是符合“道”精神的。

中医对此也解释说：“各从其欲，皆得所愿。故美其食，任其服，乐其俗，高下不相慕，其民故曰朴。是以嗜欲不能劳其目，淫邪不能惑其心，愚智贤不肖不惧于物，故合于道。”关键在这个“道”字上。可见中医也认为，老子这样说不是想一定要建立所谓理想中的桃花源，而是因为他所描述的这些内容，与“道”的精神是一致的，有利于国家安定、百姓幸福。即使是大国广民，事务繁杂，只要是按照“道”的思想去做，就应该是对的。本书各章中曾多次从不同角度，说到不同情况下的“德”程序，而这里，是从国家角度上，从大的方面，展示“德”程序的具体内容。

第八十一章

信言不美，美言不信；善者不辩，辩者不善；知（zhì）者不

博，博者不知（zhì）。圣人无积，既以为人，己愈有；既以与人，己愈多。故天之道，利而不。人之道，为而弗争。

【提要】本章是本书的总结，说明为“道”者应该先人后己，学“道”者应该透过表相看实质，从而坚信不疑。

【新解】“信言不美，美言不信”，“信”，诚信，指内在的态度；“美”，指外在的表现。这里用信和美作对比，说明二者之间的关系。苏辙认为：“信则为实而已，故不必美。美则为观而已，故不必信。”重视内在的诚信，还是重视外在的美，这是一个很容易回答的问题。

“善者不辩，辩者不善”，“善”，善意的言论；“辩”，辩解后的含义。这里用善和辩进行对比，说明二者之间的关系。有时善意的言论可能与管理者的想法不一致，容易引起误解。而诡辩之后可能引起管理者的欢心，这样所造成的后果往往很不好。

“知者不博，博者不知”。《孔子家语》：“君子不博，为其兼行恶道故也”。可见“博”在这里应该指博弈。有智慧的人，不会和别人争论，喜欢争论的人是不明智的。因为“道”的精神看起来平淡无奇，无须争论。而争论的时候，因为他不懂得其中的精神实质，所以大谬不然。

比如诋毁中医的人而往往并不真正懂中医。他们或是出于误解，或是出于个人利益，甚至是性格所致，发生这些争论其实毫无意义。20世纪60年代末，在《中医杂志》上发生了一场大的争论——中医的阴阳五行是否科学，是否有必要存在。杂志每月一期，连续半年多登载相关的辩论文章。最后我的老师、中医名家岳美中发表了一篇文章以“要想否定他，请先弄懂他”作为结束语。可见我们没有必要和一些什么都不明白的人发生争论，那些争论没有任何价值。确如这里所说的“善者不辩”“知者不博”。事实胜于雄辩，几千年的中医医疗实践就说明了问题，时间是检验真理的唯一标准。

这些看起来很容易回答的问题，实际上在生活中经常出现意外结果。因为一般人好大喜功、自以为是、急于求成，往往不能按正常思维思考，按自然规律办事。中国有句古话：良药苦口利于病，忠言逆耳利于行，就是对此种现象的一种劝说。所以本书最后一章特意提到这些问题，以说明“道”有如“信”“善”“知”，也许看起来并不起眼，但能影响我们的人生走向，使国家能够富强，让百姓获得幸福。

“圣人无积，既以为人，己愈有；既以与人，己愈多。”圣人不应该有占有的心理，既然是为了国家、百姓的利益，就会自我获得巨大的心理满足。给予别人的爱越多，我们心中的爱流量就越通畅，爱容量就越多。

“故天之道，利而不害。人之道，为而弗争”。其中“为而弗争”的“为”，就是指“无为”，而“争”就是指“有为”。天道以顺其自然为特点，百利而无一害。为人之道，也要像天道一样，无为而无不为，不要有为而为。